圖解

給投資新手的
第一本 **股票**

理財 $ 書

$ 謝劍平、林傑宸 —— 著

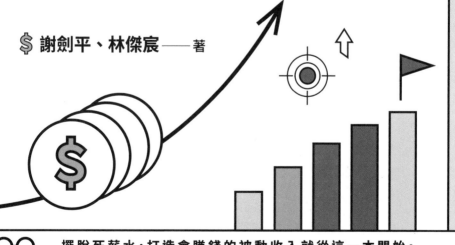

擺脫死薪水，打造會賺錢的被動收入就從這一本開始。

買對好股票，聰明投資

　　近年來台股雖然站穩萬點，但受到中美貿易戰、科技戰、新冠肺炎疫情、全球供應鏈斷鏈、通貨膨脹、俄烏戰爭、聯準會暴力升息等因素影響，股市的波動日益劇烈，操作難度愈來愈高，加上股市表現有時會和經濟基本面脫鉤，完全受資金面因素影響，如新冠肺炎疫情肆虐全球時，股市在歷經短暫重挫之後，在全球央行瘋狂撒錢救市的情況下，股市迅速回升，甚至漲破疫情前的高點。在此過程中，有些投資人因追高殺低或當沖不當已提早畢業，有些則是在股市中賺到大錢。為什麼會有如此大的差別？關鍵在於是否有正確的投資觀念與良好的心理素質。

　　「養成在低檔佈局好股票、在高檔獲利了結的好習慣」是投資股市的不敗法則。這句話看似簡單，但卻有很多人無法做到。其實這句話隱含了很多重要的投資觀念，例如「低檔佈局、高檔獲利了結」，當股市重挫來到低檔時你敢投資嗎？相信大部分的投資人不僅不敢進場買股，甚至還可能因為市場的恐慌氣氛而殺低股票。同樣的道理，當股市創高，大家

都在追逐股票的時候，你捨得停利而在高檔獲利了結嗎？還是想要賺更多而一直抱著不賣？相信多數的投資人是後者，結果往往就是抱上去又抱下來，最後賠錢出場。

再來，什麼是「好股票」？很多散戶投資人都會聽信股市明牌，但對這些公司的基本面完全不了解，其實這是很危險的。股神巴菲特曾說：「不懂的股票不要踩」，身邊的好友往往帶進不帶出，當朋友獲利出場了，你還繼續抱著當韭菜。2023 年輝達執行長黃仁勳來台掀起一股 AI 投資熱潮，在一次演說中提到鴻海子公司「鴻佰」是其重要的合作夥伴，結果 LED 廠「佰鴻」卻被市場投資人誤買而連飆了二天，可見市場有多麼不理性了。

「好股票」要如何挑選？相信是很多投資人想要知道的問題。投資股票的方法有時愈簡單愈好，畢竟大部分的投資人是上班族或有自己的工作要忙，很難隨時盯著盤面看，「長期投資」或「波段操作」是相對簡單的投資方法，在買進股票後，如果達到自己設定的停利點便可獲利出場，而在抱股的

過程中，如果能讓你抱得安心的股票就是所謂的「好股票」，因為不可能每次都能買在最低點，買進之後股價不可能馬上漲，有時還會下跌，而怎樣的股票能讓你抱得安心呢？答案是「持續」擁有「核心競爭力」的公司股票。擁有「核心競爭力」的公司，獲利能力不會太差，每年都會有穩定的股利發放，這種股票即使遇到大環境變化而進行股價修正也是暫時的，等大環境變好時，股價表現將重回正常軌道，而達到「長線」保護「短線」的效果，這種股票就是能讓你抱得安心的「好股票」，如台股的護國神山——台積電便是這樣的好股票。

在親子教養中，我們常聽到「與其給子女一條魚，不如給他們釣竿教他如何釣魚」這句話，套用到股票投資何嘗不是如此。魚就好比是股市明牌、釣竿則是正確的投資觀念與分析方法，對待一名股市新手，應該教他如何正確地使用這些投資觀念與分析方法，而非直接報明牌給他，從而養成對自己決策負責的態度，如此才能在股市中踏穩第一步，開啟自

己的投資理財大門，擺脫死薪水的宿命。

　　本書就是專為股市新手或對股市有興趣但又不知從何著手的讀者而寫的。股票投資猶如一場心理戰爭，有良好的心理素質才能戰勝股市，讀者除了可從本書了解到股票的基本特性外，也能知道股市贏家應有的特質，從而檢視自己是否能夠在股市叢林中生存。除此之外，本書也鉅細靡遺地將股市的運作實務，以圖解的方式將每一交易環節呈現給讀者了解，也分享了一些如何選股以及掌握買賣時機的要訣供讀者參考，希望讀者能夠建立屬於自己的投資邏輯，不要被市場充斥的假消息及明牌牽著走，做自己錢的主人。

作者序

投資股票是一門藝術

　　歷經金融海嘯及歐債危機的衝擊，全球股市已經回神，美國道瓊工業指數及標準普爾 500 指數甚至還創下歷史新高紀錄。換句話說，當初在金融危機敢進場撿便宜的投資人，經過這幾年的投資，獲利應該非常可觀，只是那時候有多少人敢進場買股票呢？相信大部分的投資人不僅不敢進場，甚至還可能因為市場的恐慌氣氛而退出市場。

　　同樣的道理，當股市創高、大家都在追逐股票的時候，你會逢高出脫持股，還是一直抱著或追漲股票呢？相信多數的投資人會是後者，因為人都有一顆貪婪的心，當持有的股票有賺錢時，還想要賺更多，於是就一直抱著不賣，結果往往就是抱高上去又抱下來，最後賠錢出場。

　　投資股票是一門藝術，要懂得「買」，更要懂得「賣」。「買低賣高」是人人都知道的道理，但有多少人能真正做到？即便是在電視上解盤的老師，通常也是事後諸葛的成分居多。因為股價要跌到哪裡、要漲到哪裡，並沒有人可以預先得知答案，通常都是事後再來看圖說故事。既然如此，每個

投資人就必須建立好自己的投資邏輯，根據本身的條件（如資金規模、風險承擔能力及獲利滿足程度）來設定好買賣或停損、停利的時點，一旦股價來到設定的區間，就得嚴格執行，不要受到外界的影響而縮手。

當然，投資人尤其是股市新手可能會問：「那我怎麼知道要投資哪一檔股票，何時買進、何時賣出呢？」在親子教養中，我們常聽到「與其給子女一條魚，不如給他們釣竿教他們如何釣魚」這句話，套用到股票投資何嘗不是如此。魚就好比是股市明牌、釣竿則是投資與分析方法，對待一名股市新手，應該教他如何正確使用這些投資與分析方法，而不是直接報明牌給他，從而養成對自己決策負責的態度，如此才能在股市中踏穩第一步，開啟自己的投資理財大門，擺脫死薪水的宿命。

本書就是專為股市新手，或對股市有興趣但又不知從何著手的讀者而寫的。股票投資猶如一場心理戰，有良好的心理素質才能戰勝股市，讀者除了可從本書了解到股票的基

本特性外，也能知道股市贏家應有的特質，從而檢視自己是否能夠在股市叢林中生存。除此之外，本書也鉅細靡遺地將股市的運作實務，以圖解方式將每一交易環節呈現給讀者了解，尤其是針對時下盛行的電子下單方式多有著墨，因為不須透過營業員就可在家裡或辦公室，利用電腦、手機自行完成下單的動作，既省時又有效率，還能節省交易成本。

當然，本書也分享一些如何選股以及掌握買賣時機的要訣供讀者參考，希望讀者能夠建立屬於自己的投資邏輯，不要被市場充斥的假消息及明牌牽著走，做自己錢的主人。

目次

chapter 1

前進股市，你準備好了嗎？

chapter 2

買賣股票的流程

chapter 3

投資股票會有哪些報酬？

chapter 4

投資股票會有哪些風險？

chapter 5

融資融券交易實務

chapter 6

選股的要訣

如何掌握買賣的時機？

前進股市，你準備好了嗎？

我適合投資股票嗎？

投資股票之前，最好先問問自己是否適合投資股票。雖然投資股票是賺錢的方法之一，但並非人人都適合。只有知己知彼，了解自己的能力所及，才有可能投資成功。

投資股票自我檢視法

1 有多少「閒置資金」可以投入股市？

如果身邊沒有閒錢，勸你最好遠離股市，因為如果不是利用閒錢投資股票，你的情緒便容易受到行情波動影響，不

僅影響生活品質，還會因為失去理性而做出錯誤的投資判斷。

2 有「時間」管理手上的股票嗎？

如果你是上班族且根本沒有時間關心自己所投資的股票，當別人報明牌你就買，別人出場了，你還繼續抱著，也不知道何時應該出場，這樣要從股市賺到錢比登天還難。當然這不表示你要整天盯著盤看，但至少要知道手上股票的損益情況，以決定是否停利或停損。

3 有「能力」分析股市資訊嗎？

相較於過去，現在股市資訊的取得管道愈來愈多元，舉凡報章雜誌、電視財經頻道、網路等，都能輕鬆取得股市的

相關資訊，但在眾多的資訊中你能過濾、解讀這些資訊嗎？如果不行，你並不適合投資股票。換句話說，如果你想投資股票，必須要先學會分析股市資訊的能力，如此才能建立一套屬於自己的投資邏輯，不受市場擺布。

4　有「良好的心理素質」能夠抵抗市場的誘惑和恐懼嗎？

　　股票投資猶如一場心理戰爭，市場永遠充斥著爾虞我詐的資訊。在股市高點時，你能抵抗「利多」的誘惑而不追高嗎？在股市低點時，你能戰勝「利空」的恐懼而不殺低嗎？如果可以，代表你有良好的心理素質能夠在股市生存，否則請遠離股市。

自我檢視流程圖

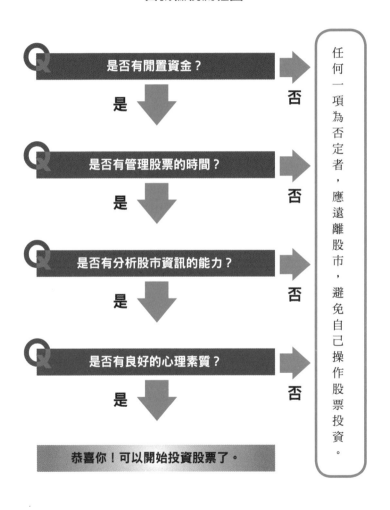

是否有閒置資金？

是否有管理股票的時間？

是否有分析股市資訊的能力？

是否有良好的心理素質？

恭喜你！可以開始投資股票了。

是

否

任何一項為否定者，應遠離股市，避免自己操作股票投資。

股市贏家具備哪些特質？

股票投資看似簡單，但能從股市中獲利的人畢竟不多。在大部分都是輸家的情況下，代表股市贏家的想法一定跟大部分的人不一樣。因此你如果想要在股市賺到錢，必須先改掉以往的投資陋習。

股市贏家的特質

Ｉ　不盲從

散戶投資人最容易犯的毛病，就是隨著市場的小道消息

買賣股票，沒有自己的定見，只要有人報明牌就跟著進場，或是在市場恐慌的時候賣出股票。結果可想而知，當然是慘賠出場，因為「盲從」往往會讓散戶買在高點、賣在低點。

2　不急躁

在股市投資中，「等待」是一種美德。很多投資人看到別人的股票比自己的股票會漲時，便會失去耐性而將原先十分看好的股票賣掉，去追買已經大漲一段的股票。但往往在換股之後，賣掉的股票才開始大漲，而買進的股票則開始走弱，形成「捉龜走鱉」的現象。

3　不借錢買股票

如果你是股市高手，我會鼓勵你借錢買股票，但如果不是，最好不要借錢買股票。借錢終究會有還錢的壓力。如果借錢買股票，當股市行情不好時怎麼辦？因為還錢的壓力，投資人往往會失去理性，賣在低點，結果還是慘賠出場。投資要沒有壓力，投資的錢必須是「閒錢」，即便賠光了也不會

影響你生活必要的開支才行；「有多少錢、做多少事」，對投資人而言非常重要。

4　不買沒有未來的股票

資金少的散戶投資人常會挑股價低的股票投資，雖然股價低的股票未必不會賺到錢，但股價低的股票通常背後代表公司較沒有成長的潛力。一家沒有成長潛力的公司，長期股價的表現不會太好，甚至未來還有可能下市；即便有漲，可能也只是因為短線題材的操作，要在這些股票賺到錢的機率不高。因此投資人必須勤做功課，尋找有成長潛力的產業及公司。

5　不貪心

投入股市無非是想賺錢，但有些人總是希望能從股市賺到大錢，當持有的股票有賺錢時，還想要賺更多，於是一直抱著不賣，結果往往會是如何？試想，一支股票如果從 50 元漲到 100 元，你沒有賣掉，隔天這支股票跌到 95 元，你會賣

嗎？再隔一天股票又跌到 90 元，你會賣嗎？大部分的人會認為 100 元就沒賣了，95 元、90 元幹嘛賣，以後應該還可以再漲回去。在這樣的心態下，這支股票可能從此不會再回到 100元的價位了，甚至跌破 50 元，使投資人由盈轉虧。因此，不貪心、懂得「停利」，是戰勝股市的關鍵。

6 沒有賺錢時懂得停損

大家都希望一買進股票，股價就大漲，但往往事與願違，買進股票之後，若股價大跌，你會怎麼處理？繼續持有或認賠出場呢？大部分的投資人應該會選擇前者，等待解套的機會。股市贏家通常會設定一個自己可以忍受的停損點，當股價跌到停損點時，代表自己當初的判斷有誤，就會毫不猶豫地賣出，保持資金活水，尋找下一個更好的標的，正所謂「留得青山在，不怕沒柴燒」。

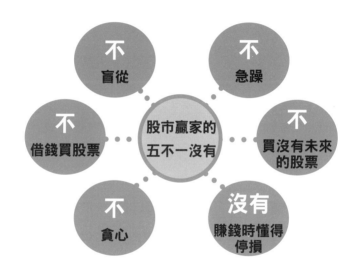

股票有哪些特性？

要投資股票，當然須先了解股票的特性。股票是公司籌資的工具，分為普通股及特別股兩種。我們在市場上投資的股票大部分都是普通股，因此以下將僅針對普通股的特性進行說明。

股票的基本特性

I 所有權

投資人持有股票可以表彰對公司的「所有權」，也就是公

司的股東。例如，有一家公司流通在外股數為 100 萬股，而投資人持有該公司股票一萬股，即表示投資人擁有該公司 1% 的股權。

2　投票權

是指在股東會上可以針對公司一些重要事務（如董監事選舉）進行投票，如果股東無法親自出席股東會，也可使用出席通知書上的委託書，委託他人行使投票權。為確保小股東的權益，目前上市（櫃）公司都有「通訊投票」制度，股東在家就可透過股東會電子投票平台「股東 e 票通」網站（www. stockvote.com.tw）進行投票，非常方便。

3　股利分配權

如果公司營運狀況不錯而產生盈餘時，公司可以決定將部分或全部盈餘分配給股東。但要注意的是，公司對股東並沒有發放股利的「義務」；也就是說即便公司有盈餘，也不一定要發放股利給股東。例如，賺很多錢的美國蘋果公司，

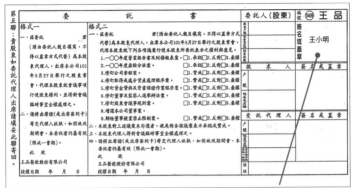

在這裡蓋上自己的印鑑私章，
就可以委託他人出席股東會

投資人可利用自然人
憑證或平常網路下單
的電子憑證登入

投資人在此可搜尋
股東會

參加通訊投票的公司
名單會列在這裡

從 1995 年以來就沒有發放過任何股利，直到 2012 年才又發放股利回饋股東。

638	110年現金股利發放暨領取通知書		
	中華電信股份有限公司	110-1 發放日期：110/09/28	

股東戶號	0123456	股東戶名	王小明		
基準日持有股數		72			
應發股利	盈餘分配：$310		每股股利	盈餘分配：$4.306	
所得稅率		0%	現金股利金額(86年及以前)		0
代扣股票股利及現金股利所得稅	股票股利	$0	現金股利金額(87年度以後)		310
	現金股利	$0			
代扣歷年股票股利或現金股利所得稅		$0			
應扣補充保費		$0		******	
已扣補充保費		$0			
未扣補充保費		$0			
處理費		$10			
實發股利		$300			

☑實發股利於發放日匯入貴股東指定帳戶：國泰世華 013 12345***649
☐請蓋妥原留印鑑親臨或郵寄至台北市大同區承德路三段210號地下一樓領取。
註：有關代扣健保費請參閱背面發放說明事項。
僅此通知，無須寄回。

| 銷帳： | | 核印： | |

4　優先認股權

對於公司增資發行的新股，股東可依照股權比例優先認購。例如某股東持有公司 20％股權，在公司發行新股時，可以優先認購20％的新股，但原股東也可放棄優先認股的權利。

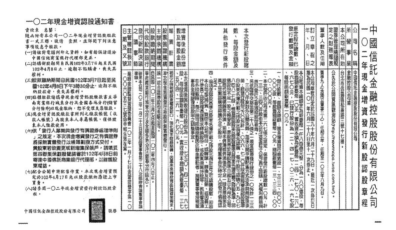

5　剩餘請求權

　　當公司破產或清算時，普通股股東對公司資產的求償順位在政府（稅負）、員工、債權人及特別股股東之後，也就是普通股股東僅具有對公司「剩餘財產」的請求權。就此而言，普通股股東最沒有保障。

6　有限清償責任

　　上市（櫃）公司都屬於「股份有限公司」的組織型態，投資這些公司的股票，它的損失不會高於原先所投入的資金額度。換句話說，當公司倒閉時，股東最壞的情況就是手中持有的股票價值「歸零」；至於個人財產則受到保護，與公司債務無關。

股票的面額、淨值、市價有什麼不同？

　　我們常會在報章雜誌上看到股票面額、股票淨值與股票市價等術語，到底這三個術語有什麼不同？

股票的面額

　　過去國內公司股票的面額一律以 10 元為限，為與國際接軌，台灣於 2014 年 1 月起全面取消國內公開發行公司股票面額 10 元的限制，公司可依照自己的需求決定股票面額。2018年公司法修正，更進一步允許非公開發行公司得發行無面額股票。

例如，長華於 2020 年股東會決議變更股票面額，由每股 10 元改為 1 元，其流通在外股數由 6.3 萬張增加為 63 萬張。若投資人本來手中持有一張長華股票，假設股票面額變更前的股價為每股 160 元，變更後投資人的持股將變成 10 張，股價同步調整為每股 16 元，持股總價值不會改變。為了讓投資人容易分辨，非 10 元面額的股票簡稱一律加上「＊」，因此長華的股票簡稱為「長華＊」。如此一來，投資人慣用的財務指標將不能直接比較，例如甲、乙兩公司的每股盈餘都是 1 元，但甲公司的股票面額是 10 元、乙公司的股票面額為 1 元，若以面額換算，乙公司獲利相當於賺進一個股本，甲公司獲利則僅是股本的 10%，兩家公司的每股盈餘數字雖然相同，但乙公司的表現明顯優於甲公司。因此，投資人在進行投資分析時，應先了解各公司的股票面額大小，再來進行比較，以免做出錯誤的投資判斷。

市場別	股票代號	股票名稱	每股面額
上市	8070	長華*	新台幣1元
	6531	愛普*	新台幣5元
	6415	矽力*-KY	新台幣2.5元
上櫃	4157	太景*-KY	美元0.001元
	6613	朋億*	新台幣5元
	6548	長科*	新台幣0.4元
	5536	聖暉*	新台幣5元
	6741	91APP*-KY	新台幣5元
興櫃	6495	納諾*-KY	美元0.1元
	6473	好玩家*	新台幣5元
	6875	國邑*	新台幣5元
	6912	益鈞環科*-新	新台幣1元

公司淨值是股東所應享有最基本的價值，當淨值高，而市價卻處於低檔，甚至跌破淨值時，投資這種「價值型股票」所須承擔的風險較低。

股票的淨值

　　淨值又稱為「帳面價值」，這個數據可由公司的財務報表計算而得。將公司資產總額減去負債總額，就可以得到公司的淨值；再將公司淨值除以流通在外股數，則可以得到該公司股票的每股淨值。

參考公式

公司資產－公司負債＝淨值

股票的市價

　　市價是經由交易市場買賣雙方所決定的，這往往是投資人最關注的數據。平常我們看到證券交易所揭露的價格，就

是股票的市價。因此，市價會隨著市場變化與交易情形而變動，這也是投資股票的誘因之一，因為股價不斷地波動，投資人在買進賣出之間才有價差收益可圖。影響股票市價的因素很多，例如，證券交易制度、交易成本高低等市場內部因素，或是總體經濟、產業、公司營運狀況等經濟面因素，或者是政治、戰爭等非經濟因素。

股票和其他投資工具有哪些差異？

股票和其他投資工具的比較

	股票	債券	共同基金
主要交易管道	證券商	證券商、郵局	投信（顧）公司、銀行、證券商
基本交易單位及投資門檻	1000股（可零股交易），投資金額依市價而定	面額1萬元或10萬元	定期定額每月3000元；單筆投資1萬元
報酬來源	股利收入及價差收益	利息收入及價差收益	配息收入及價差收益
風險	中高	中低	中
變現性	高	中	高
操作難度	中高	中	中低
槓桿操作程度	現股交易無，信用交易約2～2.5倍	無	無

在金融市場中，除了股票外，還有很多投資工具可以供投資人運用，例如，債券、共同基金、指數股票型基金 (ETF)、指數投資證券 (ETN)、權證、期貨、選擇權等，各種投資工具都有不同的報酬及風險屬性，投資人應該根據自己的理財需求，選擇適當的投資工具。

ETF	ETN	權證	期貨/選擇權
證券商	證券商	證券商	期貨商
1000單位（可零股交易），投資金額依市價而定	1000單位（無零股交易），投資金額依市價而定	1000單位，依權利金價格而定	1口，依保證金或權利金價格而定
配息收入及價差收益	價差收益	價差收益	價差收益
中低	中	高	高
高	高	高	高
中低	中低	高	高
現股交易無，信用交易約2-2.5倍	不能信用交易	遠高於股票信用交易	遠高於股票信用交易

投資工具百寶箱

1 **債券：**有政府公債、金融債券、公司債之分，通常有到期期間、票面利率的設計。發行人每期（每年、每半年或每季）會根據債券面額及票面利率支付持有人票面利息，到期時償還面額，因此投資債券首重發行人的違約風險。債券價格受利率影響，利率上升，債券價格會下跌。

2 **共同基金：**由投信公司發行向投資大眾募集資金，並指派基金經理人負責操盤的工作，基金資產則由保管機構保管。股票型基金通常持有數十檔股票，可分散投資風險，非常適合小資族投資。共同基金的交易價格以基金淨值為準，基金淨值每日收盤後會公布，投資人申購時是以申購申請日當天的淨值為準，贖回時則以贖回申請日隔一營業日的淨值為準。

3 **ETF：**也屬於基金的一種，由投信公司發行，發行後在證券交易所掛牌交易（交易方式與股票相同），以 ETF 的市價為交易價格，而非基金淨值，因此有折溢價風險。ETF 採被動式管理策略，以完全或抽樣複製的方式建構一個可

以追蹤標的指數績效表現的投資組合，買進一檔 ETF，相當於投資整個標的指數。

4 **ETN**：由證券商發行，發行後在證券交易所掛牌交易（交易方式與股票相同），以 ETN 的市價為交易價格，而非 ETN 指標價值，因此有折溢價風險。ETN 通常訂有一到期期間並追蹤某一標的指數，證券商會承諾於到期時支付投資人在持有期間所追蹤之指數（為還原除息減少點數後之報酬指數）完全相同的報酬，無追蹤誤差。ETN 在運作上不會投資或持有任何資產，不保本、無擔保，且無第三方保證。

5 **權證**：衍生性金融商品的一種，由證券商發行，發行後在證券交易所掛牌交易，交易方式與股票相同。買方支付權利金後，可取得未來以履約價格買進或賣出標的物的權利，若為買進的權利稱為認購權證，若為賣出的權利稱為認售權證。由於是槓桿交易，操作難度及風險高。

6 **期貨**：衍生性金融商品的一種，在期貨交易所掛牌交易，交易人須透過期貨商進行下單，買（賣）方有義務在契約到期日以當初買進（賣出）的期貨價格向賣（買）方買進（賣

出）標的物。由於買賣雙方均有義務在契約到期日履約，交易時都必須支付原始保證金（遠低於契約價值）給期貨商，因此屬槓桿交易。若保證金餘額因每日結算未實現損益而減少至低於維持保證金的水準，交易人必須補繳保證金，若不補繳，期貨商可執行斷頭的動作，故期貨交易的風險相當高。

7 **選擇權：** 衍生性金融商品的一種，在期貨交易所掛牌交易，交易人須透過期貨商進行下單，買方支付權利金後可取得未來以履約價格買進或賣出標的物的權利，若為買進的權利稱為買權，若為賣出的權利稱為賣權。當買方執行權利時，賣方有義務履約，因此在交易時賣方必須支付保證金給期貨商。由於是槓桿交易，操作難度及風險高。

追求報酬時也要注意風險

投資工具的預期報酬率愈高，背後所須承擔的風險往往也愈高。因此，投資人進行理財規劃時，不應一味追求報酬，而忘記風險的存在。

chapter 2

買賣股票的流程

股票買賣有哪些步驟？

　　決定要投資股票之後，首先要找一家證券商開戶，開立證券帳戶，然後自次營業日開始就可以下單買進股票；撮合成交後，證券商會向你進行成交回報，接著在規定的期限內辦好交割作業，這時才算完成股票的買賣。

股票買賣的流程

1　開戶

找一家證券商開立證券帳戶，證券商會發給你一本證券存摺。此外，證券商會指定你到配合的銀行開立活期儲蓄存款帳戶。

2 下單　委託證券商下單買賣股票。

3 撮合　市場所有的委託單都會傳送到證券交易所或櫃檯買
　　　　賣中心進行撮合。

4 成交　撮合成交後，證券商會向你進行成交回報。

5 交割　必須在成交日後第二個營業日早上10：00以前完
　　　　成款券的交付。

**6 交易
　完成**　完成交割後，你將會在成交日後第二個營業日取得
　　　　買進的股票或賣出的價款。

如何開立證券帳戶？

　　投資股票的第一步，就是要選擇一家券商開立證券帳戶。隨著金融科技的發展，除臨櫃開戶外，很多券商也提供線上開戶的服務，開戶流程如下：

臨櫃開戶的流程

1 **選擇證券商**　選擇券商時必須考量的因素有：手續費折扣、下單便利性、證券商的服務品質等。

2 前往
證券商

攜帶身分證及健保卡等雙證件,前往證券商開戶櫃檯。

3 選擇
營業員

證券商會指定一位營業員作為你未來交易的窗口,你也可以自行選擇一位專業、服務好的營業員。

4 文件
簽署

簽署相關契約及文件,簽署之前必須先了解契約及文件的內容。

5 開立銀
行帳戶

前往證券商指定的銀行(有些會設櫃在證券商營業處所內)開立專屬交割帳戶(活期儲蓄存款帳戶)。

6 開戶
完成

你將取得一組證券帳號、證券存摺及銀行存摺。

線上開戶的流程

1 **備好資料** 手邊要先準備好身分證、健保卡（或駕照）以及要用來扣款的銀行（任一銀行）帳戶存摺（需本人的）。

2 **上傳證件** 利用電腦或自己的智慧型手機上傳雙證件，經簡訊驗證身分後，系統會自動帶入你的基本資料。

3 **交割銀行設定** 可直接將同金控的銀行帳戶約定為證券劃撥交割帳號，或使用其他銀行帳戶約定為資金管理帳戶，作為出入金的帳戶。

4 **文件簽署** 在線上直接簽屬相關文件，包括個人徵信資料、線上開戶同意書、受託買賣國內有價證券開戶契約、分戶帳契約等。

5 **開戶完成** 完成線上開戶後，會有專人與你聯絡，並會發送帳戶開通信至你設定的EMAIL信箱，另外券商會自動為你申請「集保e存摺」。如需紙本集保存摺，須臨櫃辦理。

證券帳戶可買賣哪些股票？

　　一般而言，證券帳戶可以買賣上市（櫃）股票、台灣存託憑證（TDR）；如果你在開戶時有簽署「興櫃股票風險預告書」、「興櫃股票議價買賣授權書」、「第一上市（櫃）有價證券風險預告書」，你還可以買賣店頭市場的興櫃股票、來台第一上市（櫃）的外國企業股票。

　　若你具兩年以上投資經驗且淨資產達 500 萬元或最近兩年度平均所得達 150 萬元，簽署風險預告書後，也可買賣在台灣證券交易所掛牌的「創新板股票」以及在櫃檯買賣中心掛牌的「戰略新板股票」，參與新創事業的投資。

證券帳戶可買賣的股票

Ⅰ 上市（櫃）股票

　　上市股票是在台灣證券交易所掛牌交易的股票，上櫃股票則是在櫃檯買賣中心掛牌交易的股票。上市股票的審查標準較為嚴格，它的體質及交易活絡度通常會優於上櫃股票。上櫃股票如果達到上市的審查標準，也可申請轉上市。

2　興櫃股票（一般板）

　　興櫃股票市場是提供已經申報上市（櫃）輔導契約的公開發行公司，在還沒有上市（櫃）之前，先在證券商營業處所議價買賣的場所。由於審查標準非常寬鬆，且大部分屬於新興產業或正在接受證券承銷商輔導的公司，投資風險相對較高，交易活絡度遠不及一般上市（櫃）股票。

3 台灣存託憑證

　　台灣存託憑證（Taiwan Depositary Receipt，簡稱 TDR）是指已在海外上市的外國企業來台第二上市（櫃）所發行的存託憑證，證券名稱為「XXX-DR」，如康師傅-DR、泰金寶-DR。持有台灣存託憑證等於間接持有該外國企業的股票，享有的權利義務幾乎與股票相同，但投資台灣存託憑證的「資訊風險」遠高於國內企業的股票。過去 TDR 曾風光一時，但

股市案例

2010 年僑威控（911201）因其客戶發生財務危機，在香港停止交易兩天，由於資訊沒有即時揭露且台灣證券交易所沒有盤中暫停交易機制，在香港停止交易期間其台灣存託憑證卻仍在台灣繼續交易，引發摸黑交易的爭議。為保障投資人的權益，台灣證券交易所除嚴格要求發行台灣存託憑證的外國企業落實資訊同步揭露的義務外，也在 2011 年針對台灣存託憑證推出盤中暫停及當日恢復交易機制，讓台灣存託憑證在盤中能與原股同步暫停交易。2012 年 2 月日本爾必達無預警宣布破產保護，再度重創台灣存託憑證市場，使投資人更加重視台灣存託憑證的資訊風險。

隨著許多問題一一浮現，如承銷價格過高、資訊風險、摸黑交易等，加上許多 TDR 因流通數不足而被迫下市，使 TDR 市場呈現萎縮的情況，掛牌家數愈來愈少，從最高峰的 34 家（2011 年）大幅減少至 10 家（2022 年）。

4　第一上市（櫃）股票

　　除了台灣存託憑證外，外國企業也可以「原股」的方式來台第一上市（櫃），第一上市（櫃）股票的簡稱為「XXX - 註冊地簡稱」，如曾經當上股王的「矽力 -KY」（6415）就是一檔第一上市股票，註冊地為開曼群島。若股票面額不為新

台幣 10 元或無面額，股票簡稱則為「*- 註冊地簡稱」，如太景 *-KY（股票面額為 0.001 美元）。與 TDR 一樣，第一上市（櫃）股票的資訊風險較高，為降低資訊風險，公開資訊觀測站（http://mops.twse.com.tw/mops/web/index）特別建置第一上市（櫃）股票及台灣存託憑證專區，投資人可在這裡查詢到相關資訊。

5　創新板及戰略新板股票

為扶植新創事業，提供其提早進入資本市場募資，台灣證券交易所及櫃檯買賣中心分別創設新的交易板塊——創新板及戰略新板，吸引國內獨角獸（市值大於 10 億美元的新創事業）在台上市（櫃）。為與一般板股票區隔，創新板及戰略新板的股票名稱會加上「創」或「新」字。創新板及戰略新板的掛牌條件較為寬鬆，不以獲利為前提，而是以市值為核心，輔以營收或營運資金之要求。由於這些新創事業的風險較高，並不是每個投資人都能參與，僅以「合格投資人」（自然人的條件如前所述）及公司依法買回其股份者為限。

買賣股票的方式有哪些？

　　開立證券帳戶之後，你就可以下單買賣股票了。十幾年前，下單方式僅有傳統的當面委託及電話委託兩種，但隨著資訊科技的進步，證券商所提供的下單方式也愈來愈多元化，如電話語音下單、網路下單及網路行動 App 下單等，都比傳統下單方式便利許多，你可根據自己的下單習慣選擇合適的下單方式。

各種下單的方式

I 網路下單

　　利用證券商的網路下單系統（必須有連上網路的電腦）；輸入帳號、密碼登入後，在下單介面輸入買賣方式、股票代號、委託價格等。

● 成交回報方式

　　至網路下單系統查詢。

網路下單的方式

目前網路下單的方式有兩種：一種是在證券商網站登入證券下單專區進行下單；一種是從證券商網站下載「網路下單軟體」並在電腦安裝執行，這種軟體不僅可供下單，還提供完整的股票即時報價及成交資訊、技術分析、即時新聞、個股基本資料、研究報告等豐富資訊，完全免費，是投資人很好的看盤工具。

● 手續費折扣

因電子下單方式可節省證券商成本，所以手續費折扣通常較傳統方式多，介於 1.7 折到 65 折之間。

2 網路行動App下單

利用證券商的網路行動 App 下單系統（必須要有連上網路的智慧型手機或平板電腦）；輸入帳號、密碼登入後，在下單介面輸入買賣方式、股票代號、委託價格等。

● 成交回報方式

至網路行動 App 下單系統查詢。

● 手續費折扣

因電子下單方式可節省證券商成本，所以手續費折扣通常較傳統方式多，介於 1.7 折到 65 折之間。

3 當面委託

自己填寫委託單時，必須填入你的帳號、想買賣的股票代號或名稱、委託價格等。填寫完之後，直接將委託書交給營業員。

● 成交回報方式

營業員會通知你成交了，或自行向營業員查詢。

● 手續費折扣

與營業員商議，交易量大折扣會比較多。

4 電話委託

打電話給營業員，告知營業員你的帳號、想買賣的股票代號或名稱、委託價格等，營業員會幫你填寫委託單。

● 成交回報方式

營業員會通知你成交了，或自行向營業員查詢。

● 手續費折扣

與營業員商議，交易量大折扣會比較多。

5　電話語音下單

　　打電話到證券商的電話語音系統，然後依系統指示輸入帳號、密碼、買賣方式、股票代號、委託價格等。

● 成交回報方式
　　打電話到證券商的電話語音系統查詢。

● 手續費折扣
　　因電子下單方式可節省證券商成本，所以手續費折扣通常較傳統方式多，介於 1.7 折到 65 折之間。

下單方式會影響你對
證券商及業務員的選擇

　　在過去只能透過證券商營業廳或利用電話下單的年代，投資人通常會選擇離家或辦公室較近的證券商開戶，無論是看盤、下單、補登證券存摺都比較方便。也由於傳統下單方式須仰賴營業員下單，因此營業員的選擇相當重要，營業員的專業能力、服務資歷等都是考量的重點；比較資深的營業員還能扮演投資諮詢的角色，對投資人而言是一種取得投資資訊的管道。

　　然而，隨著網路、行動 App 等電子下單方式的普及，證券商的地理位置及營業員的選擇就顯得較不重要了。因為投資人可以不透過營業員，就可隨時隨地利用電腦或智慧型手

機自行完成下單的動作，既省時又有效率，同時也能享有較高的手續費折扣，並可透過網路取得多元的投資資訊。因此對於採取電子下單方式的投資人而言，證券商所提供的電子下單環境、網路品質及手續費折扣，反而比較重要。

傳統下單方式		電子下單方式
● 證券商的地理位置	**VS**	● 電子下單環境
● 營業員的專業能力及 服務資歷		● 網路品質 ● 手續費折扣

下單前必須注意的事項

下單時必須填寫委託買賣的價格，但這個價格必須遵照股票的最小升降單位及漲跌幅限制的規定填寫，否則委託將不會成功。此外，下單時也必須知道股票即時的報價及成交資訊，否則「摸黑」下單的風險很高。

下單前須知

Ｉ 股票的最小升降單位

最小升降單位是指股票價格上漲或下跌的基本單位，依

價位高低而定。假設目前某股票的價格為 100 元，則其往上一檔的價位為 100.5 元 (=100+0.5)，往下一檔的價位為 99.9 元 (=100-0.1)。

價位（元）	最小升降單位（元）
股價＜10	0.01
10≦股價＜50	0.05
50≦股價＜100	0.1
100≦股價＜500	0.5
500≦股價＜1,000	1
1,000≦股價	5

2　股票的漲跌幅限制

除初上市（櫃）首五日及興櫃股票沒有漲跌幅限制外，股票每日最大漲跌幅為前一日收盤價的 10%，而其漲停板價格及跌停板價格必須符合最小升降單位的規定。

舉例來說，假設昨天鴻海收盤價為 103 元，今天的漲停板價及跌停板價如何決定？

103 元 $\times 10\% = 10.3$ 元

　若今天鴻海漲停，漲停板價將介於 100 ~ 500 元之間，此時最小升降單位為 0.5 元，在不超過 10％漲跌幅限制下，其最大漲跌幅應為 10 元；若今天鴻海跌停，跌停板價將介於 50 ~ 100 元之間，此時最小升降單位為 0.1 元，其最大跌幅即為 10.3 元，所以漲停板價和跌停板價分別為：

漲停板價 = 103 ＋ 10 = 113 元

跌停板價 = 103 － 10.3 = 92.7 元

3　基本交易單位

　台灣股市的基本交易單位為 1000 股，俗稱一張。下單買賣的數量必須為一張或其倍數，單筆委託數量不得超過 499 張。

4　股票報價及成交資訊

　股價的報價和成交與否，可以向你的營業員或利用任何的電子下單系統查詢，尤其是可善用證券商所提供的網路下

單軟體，裡面有非常豐富的資訊可供你參考，當然每家證券商所提供的網路下單軟體介面是不一樣的，但主要元素都大同小異。以下就以某證券商網路下單軟體介面為例，來加以說明。

此為目前市場願意買進及賣出該股票的價位，如果你要賣出或買進股票時，應該參考此價格的變化

代表該股票漲停板了

當天股價走勢圖，由此也可得知股票當天的漲停板及跌停板價

下單區

委託單查詢及成交回報區

盤中會揭露未成交之最高五檔買進，及最低5檔賣出之申報價格與張數，除了可知道每一價位市場想買或想賣的數量外，也可看出盤中買盤與賣盤之間的力道拉鋸。例如買進價位的委託數量一直在減少，且價格愈來愈低，則表示目前的賣盤力道大過買盤力道

5 委託單的種類

　　為配合股票盤中撮合方式改成逐筆交易（股票撮合方式將於後面單元介紹），台股在委託單種類方面，除限價及當日有效委託（Rest of Day，ROD）外，在逐筆交易時段新增「市價委託」、「立即成交否則取消」（Immediate or Cancel, IOC）、「立即全部成交否則取消」（Fill or Kill, FOK）等種類。依價格種類及有效期別搭配後，逐筆交易時段委託單種類將有6種組合供投資人選擇，分別為「限價＋ROD」、「限價＋IOC」、「限價＋FOK」、「市價＋ROD」、「市價＋IOC」、「市價＋FOK」。

- IOC委託係指委託即刻成交，未能成交之委託，立即由系統刪除。
- FOK委託係指委託須全數成交，未能全數成交，立即由系統刪除。

「限價＋ ROD」委託可在開盤、收盤、瞬間價格穩定措施期間及盤中逐筆交易時段使用，其餘五種委託僅限於盤中逐筆交易時段使用。盤中「市價＋ ROD」委託若未能成交，於收盤集合競價時段一律自動刪除，仍有成交需求者，應以「限價＋ ROD」委託重新下單。開盤後時段，市價委託的撮合順位先於限價委託，但因逐筆交易的撮合速度加快，不熟悉或中長線的投資人使用限價委託可能比較穩當。此外也新增限價委託改價功能，全時段均可改價，無須刪除舊委託，但僅提供限價委託改價，不可改為市價委託，當然市價委託也不可改為限價委託。

● 限價委託：下單時必須設定一個願意買進或賣出的價格。若為買進限價委託，只有比限定價格低或相等的價格才能成交；反之，若為賣出限價委託，只有比限定價格高或相等的價位才會成交。

● 市價委託：投資人指示證券經紀商以當時市價立即買進或賣出若干股票，若沒有漲跌或跌停的情況，市價委託基本上一定能夠成交。

股票撮合方式

股票的撮合方式會影響投資人下單的難度與風險,所以不可不知。為提高撮合效率,台股於 2020 年 3 月 23 日將盤中撮合方式由「集合競價」改成「逐筆交易」,開、收盤時段則維持「集合競價」的撮合方式。

- 集合競價:將同一段時間(如開盤前 30 分鐘、收盤前 5 分鐘)所有價位的委託買賣單集合在一起,然後取「可成交數

量最大的價位」為成交價格，撮合原則為價格優先（買進價愈高或賣出價愈低者優先撮合）、時間優先。

- 逐筆交易：每一筆新進來的委託單立即與當時未成交的委託單撮合，能夠成交者立即撮合成交；不能成交者，則以「時間優先」為原則，留待下一次撮合，撮合效率較高。

集合競價的撮合範例

假設台塑（1301）股票「開盤」前 30 分鐘所有的買賣委託單內容如下，撮合原則為價格優先（買進價愈高或賣出價愈低者優先撮合）、時間優先。

買進		賣出	
價格	張數	價格	張數
75.2	200	75.4	200
75.1	300	75.3	100
75.0	300	75.2	300
74.9	500	75.1	100
74.8	100	75.0	400

以上三種撮合價位中，由於以 75.1 元撮合可成交張數最多，所以，75.1 元為開盤成交價。

撮合小秘訣

撮合時：

從買方的立場來看，可以接受低買，但不能買得比買單價格高。

從賣方的立場來看，可以接受高賣，但不能賣得比賣單價格低。

逐筆交易的撮合範例

假設有一筆 84 元 10 張買單進來⋯⋯

最佳5檔資訊揭露

買量	買價	賣價	賣量	
61	83.7	83.9	5	● —— 這五張會全部以 83.9元成交
47	83.6	84.0	21	● —— 其中五張會以84元成交，剩下16張留待下次撮合
192	83.5	84.1	1	
97	83.4	84.3	75	
237	83.3	84.4	46	

本次隨到隨撮的結果：83.9 元成交 5 張，84 元 5 張。

所以逐筆交易的成交價可能有多個，不像集合競價只有一個成交價。

瞬間價格穩定措施及
暫緩開盤撮合機制

現行撮合方式允許股價在漲跌幅範圍內自由波動，為使盤中股價不至於過度震盪，並提高交易資訊的透明度，證券交易所配套實施「瞬間價格穩定措施」。

瞬間價格穩定措施

每筆委託於撮合試算可能成交價超過參考價的上、下3.5%時：

瞬間價格穩定措施的目的，在於讓投資人有改單、改價及改量的緩衝時間，冷靜思考下一步的投資決策。

- 延緩撮合兩分鐘，屆期以集合競價方式撮合，嗣後恢復逐筆交易。
- 揭露模擬撮合成交價、量及最佳五檔買賣價量之資訊。
- 系統會自動刪除已存在的市價委託，惟投資人仍可輸入一般限價委託，不接受市價委託、IOC、FOK 委託。

暫緩開盤撮合機制

上市櫃股票於開盤前若有以下情形，暫緩開盤撮合：

- 開盤前 1 分鐘如任一次試算成交價與其前一次試算成交價漲跌超逾 3.5%。

● 開盤前 1 分鐘取消及變更買賣申報數量達該股票開盤前買賣申報數量之 30% 以上。

　　暫緩開盤撮合之股票，延緩 2 分鐘後依序開盤撮合成交，2 分鐘內每 5 秒揭露試算行情資訊，投資人可新增、取消或修改委託。

如何判讀最佳五檔買賣價量資訊？

　　目前在開盤前半小時和收盤前 5 分鐘，證券交易所和櫃檯買賣中心都會揭露試撮合的成交價量及最佳五檔買賣價量資訊，而在盤中同樣也會揭露最佳五檔買賣價量資訊。要如何判讀最佳五檔買賣價量資訊？

　　下圖是盤中某檔股票的最佳五檔買賣價量，這些都是在等待撮合成交的委託單。如果你想買進這檔股票，要參考的是賣價及委賣量的資訊；若你想賣出該股票，則要參考買價及委買量的資訊。下單時，如果你想馬上買到這檔股票，你可以下 96.7 元的限價買單；反之，若想立即賣出該股票，你可以下 96.6 元的限價賣單。

委買量	買價	賣價	委賣量
19	96.6	96.7	46
311	96.5	96.8	159
44	96.4	96.9	181
43	96.3	97.0	214
95	96.2	97.1	128

　　揭露最佳五檔買賣價量資訊可提高市場的透明度，讓投資人了解目前市場委買及委賣的情況。但有時候，市場大戶卻利用最佳五檔買賣價量資訊企圖誤導小額投資人的投資判斷，尤其是在盤前 30 分鐘的時段，有些大戶會利用試撮合的時間刻意作價給散戶看。例如將試撮合的成交價作到漲停，散戶看到後就會覺得這檔股票今天會很強，於是掛相對高價的買單；如果散戶被騙了，大戶就可以順利出貨了。在盤中，大戶也會打心理戰，在特定價位掛比較大量的委託單給散戶看，讓散戶誤以為某個價位具有支撐或反壓，散戶上當後大戶就會快速撤單。所以有時候最佳五檔買賣價量是「看得到、吃不到」，小額投資人不可不慎。

為避免上述問題，2023 年 3 月 20 日起，若開盤前一分鐘取消或變更委託數量達開盤前委託數量的 30% 以上時，該股票將暫緩開盤，提升盤前資訊品質，防範大戶假動作誤導小額投資人。

成交後何時交付款券？

當你所下的委託單成交之後，將進入交割作業，你必須在成交日後的第二個營業日（也就是 T+2 日）上午 10：00 以前交付款券給證券商。如果沒有在規定時間內交付，將構成違約交割，證券商可以向你收取違約金（上限為成交金額的 7%）。若沒有清償結案，未來五年你將無法下單或開立別的

避免違約交割

雖然交割期限是 T+2 日，但為了保險起見，如果你的帳戶餘額不足，營業員還是會在成交隔天工作日，通知你將交割價款盡早存入，以免發生違約交割。

證券帳戶，且信用不佳的紀錄會跟著你一輩子，未來要申請其他貸款也會變得非常困難。

成交日後的第二個營業日
上午10：00以前交付款券給證券商

你將款券交付給證券商之後，證券商會在
早上11：00後與證券交易所完成交割手續

你在T+2日就可以取得
買進的股票或賣出的價款

集保制度

由於目前台灣是採取「集中保管劃撥交割制度」（簡稱集保制度），你所買進的股票都會通過集保制度劃撥到你的證券存摺，而你所賣出的股票也會從證券存摺劃撥出去。所以如果是賣出委託單成交，通常不須親自將股票交付給證券商，系統會直接將你的股票從證券存摺轉出。但如果是買進委託單成交，就必須親自將交割價款（投資本金＋買進手續費）存入當初開戶時開立的銀行帳戶，證券商再從你的銀行帳戶內扣款，完成交割後拿你的證券存摺去證券商補登，就會出現你買的股票了。

實際範例

假設你在2022年10月13日(星期四)，
以60元成交買進一張陽明股票。

你必須在10月17日(星期一)早上10：00
以前將60,085元存入交割銀行帳戶。
投資本金＝60元×1000股＝60,000元
買進手續費＝60,000元×0.001425＝85元
交割價款＝60,000元＋85元＝60,085元

當證券商與證券交易所完成交割作業
（早上11：00後），你就能取得一張陽明股票了，
當然它是會出現在你的證券存摺上。

若投資人急著取得賣股價款，自 2022 年 5 月 9 日起可先
向證券商申請不限用途款項借貸，將賣股入帳時間從 T+2 縮
短為 T+0（賣股當天入帳），惟投資人必須支付 2 天利息費及
手續費給證券商。

今天買進的股票，可以在當天賣出嗎？

　　過去投資人以現股交易方式買進的股票，最快僅能在隔一營業日賣出。為提高市場成交量及增加投資人避險管道，台股已開放「現股當沖交易」，今天現股買進的股票可以在當天賣出，這就是「先買後賣」的現股當沖，當然投資人也可以進行「先賣後買」的現股當沖。並非所有投資人都可進行現股當沖，須符合下列其中一項條件才可交易：

- 開立證券帳戶滿 3 個月，且最近 1 年內委託買賣成交達 10 筆 (含) 以上之投資人。
- 已開立信用交易帳戶之投資人。
- 專業機構投資人。

由於現股當沖交易相當於無本交易，開放後相當受到年輕人喜愛，但市場上也不時傳出違約交割的情況。若投資人於現股買進股票後，無法於當天成功賣出或沖銷，交割時必須繳足買進股票的交割價款，此時投資人如果沒有足夠的資金就容易形成違約交割的情況，進而影響自己的信用紀錄。

2021 年間，航運股大漲，很多年輕人都想當航海王，紛紛以現股當沖的方式進行投機的操作。行情上漲時，這種操作手法確實能快速累積財富；但當行情反轉，就不是這麼一回事了。如果投資人買進後，股票出現跌停的情況，你想賣都不一定可以賣得掉，這時可能就會翻船，並面臨違約交割的風險。

為控管違約交割風險，交易所祭出兩大措施

1 投資人違約時，券商除通知其履行違約交割責任外，還必須告知之後再違約的風險。

2 若投資人一年內第二度違約交割，券商必須在結案公告日起三個月內，針對該投資人首次交易日起連續 10 個營業日的委託，事先收足款券，才能交易。

收盤後還可買賣股票嗎？

　　2000 年，證券主管機關為了延長股市交易的時間，開始實施「盤後定價交易」，也就是在收盤之後下單買賣股票，交易時間是每交易日 14：00 ～ 14：30。因此，如果你在股市正常交易時間（也就是 9：00 ～ 13：30）沒空下單買賣股票，還可以利用盤後定價交易。

1 委託數量要以一張（1000 股）為基本單位，一次買賣同一股票的數量，不可以超過 499 張。

2 下單時間是每交易日 14：00 ～ 14：30，當日 14：30 進行電腦隨機撮合，並一律以委託當日股票的「收盤價」為成交

價格，交割週期同樣是成交日後的第二個營業日（即 T ＋ 2 日）。

3　如果你要買賣的股票當日沒有收盤價，將暫停盤後定價交易。

4　從事現股當沖交易時，盤後定價交易是最後回補或結清交易的機會，以「先買後賣」為例，如果你在正常交易時間「現股買進」某檔股票，也能利用盤後定價交易賣出該股票，以結清交易。

5　從事信用交易時，如果你在正常交易時間「融資買進」某檔股票，也可以利用盤後定價交易，「融券賣出」該股票，進行當日沖銷的動作。（信用交易在往後單元會再詳細說明）

盤後定價交易下單範例

選擇「定」代表要從事　　　　　　　　　　　　只能以「張」為基本交易單位，
盤後定價交易　　　　　　　　　　　　　　　　不能從事零股交易

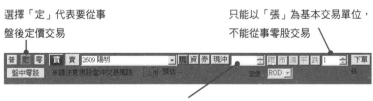

不需輸入價格，因為都是以當日
收盤價格為成交價格

如何處理手上的零股？

　　如果你長期投資股票，手上或多或少都可能會有一些股數不到 1000 股的零股（這些零股可能來自股票股利的發放或者因公司募資而認購的股票）。而這些零股要如何處理呢？其實你可以利用「零股交易」將手上的零股直接出脫，或是將股數補足到 1000 股再以正常交易賣出。

　　過去投資人只能在盤後從事零股交易，且流動性差，市場參與度不高。為吸引年輕人投入股市，讓小資族也能買得起高價股，台股於 2020 年 10 月 26 日推出「盤中」零股交易，推出後其成交量快速增加，相當受到市場歡迎。

盤後零股交易規則

1 以 1 股為一交易單位。

2 下單時間：每交易日的 13：40 ～ 14：30。

3 撮合方式與時間：所有委託單於委託當日 14：30，以集合競價方式一次撮合成交。

4 委託買賣的價格範圍：同當日普通交易，以當日個股開盤參考價上下 10％為限。如果是初次上市（櫃）股票，它的零股交易於掛牌首 5 日的委託價格，則沒有漲跌幅限制。

盤中零股交易規則

1 以一股為一交易單位。

2 下單時間：每交易日 9:00 ～ 13:30。

3 撮合方式與時間：皆以集合競價方式撮合，9:10 起第一次撮合，之後每一分鐘（2022 年 12 月 19 日起適用）撮合一次。

4 委託買賣的價格範圍及漲跌幅限制：同當日普通交易。

5 下單方式：以電子交易為限（若委託人為專業機構投資人不在此限）。

6 委託種類：以當日有效之限價委託為限，未成交者不保留至盤後零股交易。

7 資訊揭露：盤中會揭露最佳五檔買賣價量資訊，每 10 秒模擬試算的成交價格與數量供投資人參考。

8 交易型態：以現股交易為限，不得進行信用交易或借券交易。

9 手續費收取：原則上以成交價之 1.425‰（上限）收取，若低於 20 元，以 20 元計收。針對此點，投資人必須特別注意，以免手續費造成單位成本的增加。惟部分券商會針對零股交易提供手續費優惠（如每筆最低 1 元起），投資人可多多比較。

盤中零股交易下單範例

此處的委託量以「股」為單位

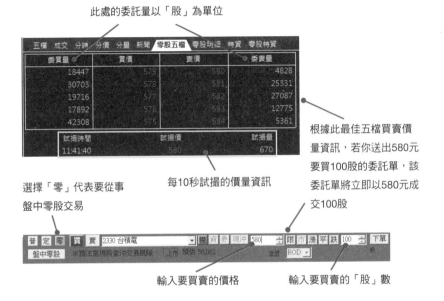

根據此最佳五檔買賣價量資訊,若你送出580元要買100股的委託單,該委託單將立即以580元成交100股

每10秒試撮的價量資訊

選擇「零」代表要從事盤中零股交易

輸入要買賣的價格

輸入要買賣的「股」數

定期定額投資股票

　　定期定額投資在共同基金市場已行之有年，由於定期定額投資具有平均投資成本及累積財富的好處，非常適合對行情沒把握的小額投資人採用。因此，2017 年 1 月 16 日金管會開放投資人可定期定額投資上市（櫃）股票。承辦這項業務的證券商會自行篩選適合中長期投資的股票供客戶選擇，投資人可指定每月買進的日期。每一標的扣款金額最低 1000 元，投資人必須在指定買進日的前一營業日下午 3 點前，將約定扣款金額（含投資金額及手續費）存入銀行交割專戶。交易手續費原則上依成交金額之 1.425‰ 收取，部分券商會提供手續費優惠，投資人可多比較。

利用定期定額投資所取得之股票，若湊足 1,000 股或單位（也就是 1 張）或其倍數，便可直接在盤中出售，若不足 1000 單位，僅能利用零股交易方式出脫。且定期定額投資無法進行當日沖銷交易、信用交易及借券賣出。

股票被關禁閉怎麼辦？

如果股票最近一段期間累積漲跌幅度、成交量、週轉率等過高或異常者，會被交易所列為「注意」股票，公布其交易資訊。此時該股票仍可正常交易，只是提醒投資人要特別注意而已。

若該股票連續 3 個營業日達「公布注意交易資訊」標準，或連續 5 個營業日或最近 10 個營業日內有 6 個營業日，或最近 30 個營業日內有 12 個營業日達「公布注意交易資訊」標準，交易所會將該股票列為「處置」股票，即俗稱「關禁閉」。

股票被關禁閉之後，在交易上就會有些限制，如最近 30 個營業日內第一次被處置，將進行人工撮合，每 5 分鐘撮合

一次，投資人單筆委託達 10 張或多筆委託累積達 30 張以上，證券商會向投資人「預收款券」，信用交易部分則會先收足融資自備款或融券保證金；若股票最近 30 個營業日內第二次被處置，將進行人工撮合，每 20 分鐘撮合一次，所有投資人每日委託買賣該股票時，證券商會向投資人「預收款券」，信用交易部分也會先收足融資自備款或融券保證金。

chapter 3

投資股票會有哪些報酬？

投資股票有哪些報酬？

在投資股票之後，當公司有盈餘時，投資人（股東）可能會獲得公司所配發的股利。除此之外，也可以賺取買賣股票的價差。

投資股票的獲利來源

| 股利收入

當公司有盈餘時，公司可決定將部分或全部的盈餘分配給股東。股利發放的方式有兩種：一種是直接發放現金給股

東，也就是現金股利； 一種是發放股票給股東，也就是股票股利。

股票股利 vs 現金股利

如果公司的發展比較需要現金，例如擴充廠房設備等

這類公司會比較偏向發放股票股利

● 以新興產業類股為代表

如果公司的發展階段比較成熟

這類公司會比較偏向發放現金股利

● 以傳統、成熟產業類股為代表

$$\boxed{參考公式}$$

股息殖利率＝現金股利 ÷ 股價

配股率＝股票股利 ÷ 面額（10 元）

範例

　　2021 年彰銀每股獲利 0.84 元，2022 年每股決定配發 0.5 元現金股利及 0.1 元股票股利，則配股率為：

配股率＝ 0.1÷10×100％＝ 1％

　　假設你持有 10 張（10000 股）彰銀股票，將可獲配的股利為：現金股利＝ 0.5 元 ×10000 股＝ 5,000 元

股票股利＝ 10000 股 ×1％＝ 100 股

2　價差收益

　　價差收益是指因股價波動而使投資人在一買一賣之間可以賺得的報酬。買入股票後，如果股價上漲，投資人將有資本利得；如果股價下跌，則有資本損失。因此，投資人是否

買低賣高

買低賣高是投資人賺取資本利得的唯一方法，然而，買低賣高看似簡
單，卻不是人人都做得到。

能賺取資本利得，得看他個人的投資判斷與市場行情而定。

範例

假設你持有一張（1000 股）聯電（2303）股票，買
進成本為 40 元，如果你在 50 元出脫持股，你將可賺得
的價差收益為：

價差收益＝（50 元－ 40 元）×1000 股＝ 10,000 元

股利＋價差的獲利

假設你在今年 1 月買進一張股票，每股成本 50 元。8 月
時取得每股兩元現金股利及一元股票股利。之後，你連同股

票股利將該股票全部出脫，賣出價格為 60 元，在未考慮手續費及證券交易稅的情況下，你將有的報酬為：

現金股利＝ 2 元 ×1000 股＝ 2,000 元

股票股利＝ 1000 股 ×10％＝ 100 股

股票股利賣出價款＝ 60 元 ×100 股＝ 6,000 元

價差收益＝（60 元－ 50 元）×1000 股＝ 10,000 元

獲利報酬＝現金股利＋股票股利賣出價款＋價差收益

　　　　＝ 2,000 元＋ 6,000 元＋ 10,000 元＝ 18,000 元

不足 1000 股的股票股利，可透過盤中或盤後零股交易賣出。

保守型投資人的投資標的

國內有些公司每年發放的現金股利金額均十分穩定，對保守型的投資人而言，這些公司都是值得長期持有的投資標的，例如，中鋼（2002）、台塑（1301）、中華電（2412）、台積電（2330）等，「存股」概念逐漸興起。

如何才能獲配公司發放的股利？

　　公司發放股利時，通常會先由董事會決定股利發放的金額，並交付股東會表決。如果表決通過，會後董事會將宣告最終的股利發放金額和除息、除權基準日，以及股利發放日。另外，公司亦得以修正章程的方式，將股利發放頻率改為每季或每半年發放一次，如台積電目前即採每季發放一次，大立光則每半年發放一次股利。

股利發放的五個相關日期

- 因公司股東名冊常會有所更動，公司發放股利時，通常會訂定某日為「除息、除權基準日」，以這天的實際股東名冊為基準來配發股利。

- 基準日起往前推算 5 日為「開始停止過戶日」。

- 開始停止過戶日的前 2 個營業日為「除息、除權日」。如果公司只發放現金股利，稱為除息日；若公司只發放股票股利，稱為除權日。投資人必須在除息日或除權日（不含）之前持有或買進公司的股票，才有權利獲配公司的股利，稱為「參與除息、除權」。

股票過戶限制

現行股票交割週期為 T + 2，且股票交割均採集保劃撥方式，也就是在買進交易日後 2 個營業日才會進行交割與過戶。由於開始停止過戶日為除息、除權日的後 2 個營業日，因此當投資人在這天或之後才下單買進股票，將無法在開始停止過戶日之前完成股票的過戶。

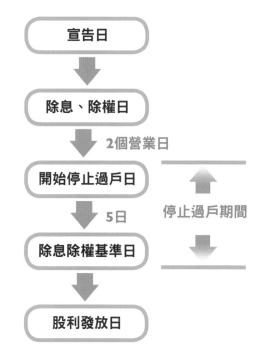

範例

　　以聯強（2347）為例，2022 年 4 月 20 日公司公告除息基準日為 2022 年 6 月 15 日，每股配發五元現金股利，7 月 6 日為現金股利發放日，那麼什麼時候抱股才能配息？

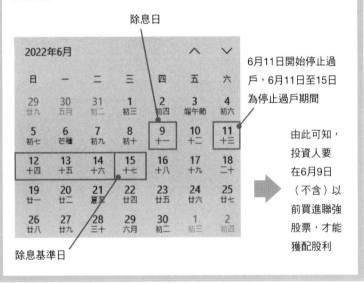

除息日

2022年6月

日	一	二	三	四	五	六
29 廿九	30 五月	31 初二	1 初三	2 初四	3 端午節	4 初六
5 初七	6 芒種	7 初九	8 初十	9 十一	10 十二	11 十三
12 十四	13 十五	14 十六	15 十七	16 十八	17 十九	18 二十
19 廿一	20 廿二	21 夏至	22 廿四	23 廿五	24 廿六	25 廿七
26 廿八	27 廿九	28 三十	29 六月	30 初二	1 初三	2 初四

6月11日開始停止過戶，6月11日至15日為停止過戶期間

由此可知，投資人要在6月9日（不含）以前買進聯強股票，才能獲配股利

除息基準日

「棄息、棄權」的賣壓

如果投資人不想獲配公司發放的股利，便可在除息、除權日之前賣出持股。因此，有些股票在除息、除權日之前常會有「棄息、棄權」的賣壓，壓抑股價的走勢。

何謂除息、除權參考價？

　　股票在除息、除權日當天，會將分配給股東的現金股利與股票股利的利益從股價中扣除，計算出「除息、除權參考價」或「減除股利參考價」。

　　如果公司在分配股利的同時沒有辦理現金增資，「除息、除權參考價」將會等於「減除股利參考價」，並以此作為計算除息、除權日當天該股票的漲停板價及跌停板價（現行漲跌幅限制為 10%）。

　　除息、除權參考價＋ 10％漲幅→除息、除權日漲停板價
　　除息、除權參考價－ 10％跌幅→除息、除權日跌停板價

除息、除權要調整股價

現金股利會使公司價值減少，而股本不變；股票股利會使股本變大，而公司價值不變。所以，發放股利會使公司每股價值減少，因而除息、除權時要調整股價。

$$\boxed{\text{參考公式}}$$

除息、除權參考價

$$= \frac{\text{除息、除權前一交易日收盤價} - \text{現金股利} + \text{現金增資認購價} \times \text{現金增資配股率}}{1 + \text{股票股利配股率} + \text{現金增資配股率}}$$

減除股利參考價

$$= \frac{\text{除息、除權前一交易日收盤價} - \text{現金股利}}{1 + \text{股票股利配股率}}$$

範例

投資人可從台灣證券交易所及櫃檯買賣中心網站取得當天除息、除權個股的相關資訊：

資料日期	股票代號	股票名稱	除權息前收盤價	除權息參考價
110年09月23日	4968	立積	391.50	276.78

權值＋息值	權／息	漲停價格	跌停價格	開盤競價基準	減除股利參考價
114.714274	權息	304.00	249.50	277.00	276.78

以立積（4968）2021 年 9 月 23 日的除息日為例，每股配發 4 元現金股利及 400 股股票股利，除息權前一交易日的收盤價為 391.5 元，則：

除息、除權參考價 = 減除股利參考價 =(391.5-4)/(1+40%)=276.78

考量股價介於 100 ～ 500 元區間的最小升降單位為 0.5 元，因此以 277 元為開盤競價基準。

除息權當天漲停板價：276.78×(1+10%)=304.458，因其最小升降單位為 0.5 元，且又不能超出 10%的漲幅限制，因此以 304 元為漲停板價。

除息權當天跌停板價：276.78×(1-10%)=249.102，因其最小升降單位為 0.5 元，且又不能超出 10%的跌幅限制，因此以 249.5 元為跌停板價。

除息、除權前後的持股價值

　　假設股票 A 每股發放兩元股票股利（配股率 20％）及一元現金股利，如果在除息、除權前一交易日的收盤價為 100元，則除息、除權參考價計算如下：

　　除息、除權參考價＝（100 － 1）÷（1 ＋ 20％）＝ 82.5 元

　　如果以除息、除權參考價計算，除息、除權前後持股價值（含現金股利及股票股利）將會相等。

除息、除權前一交易日	除息、除權日
	現金股利 1元×1000股＝1,000元
	股票股利 82.5元×200股＝16,500元
100元×1000股 **＝100,000元**	**82.5元×1000股** **＝82,500元**

是否要參與除息、除權？

　　既然除息、除權當天會將現金股利與股票股利的利益從股價中扣除，那麼投資人應該參與除息、除權嗎？關於這個問題，投資人應考量下列因素：

是否參與除息、除權的考量

Ｉ　填息、填權的機率高不高？

　　股價在除息、除權之後，上漲超過除息、除權參考價的現象稱為「填息、填權」。如果能填息、填權，投資人才會因

一般而言，股市屬於大多頭行情時，個股填息、填權的機率比較高，參與除息、除權的勝算就比較高；但是如果股價在除息、除權之前已漲一大段了，建議你不要參與除息、除權。

為股利的發放而產生收益；相反的，如果出現「貼息、貼權」（股價在除息、除權之後跌破除息、除權參考價的現象），投資人不僅不會因為股利的發放而產生收益，反而會有損失。

填息、填權

假設股票 A 在除息、除權前一交易日的收盤價為 100 元，則除息、除權參考價為 82.5 元。如果除息、除權日之後，展開填息、填權行情，漲到 100 元「完全填息、填權」的價位，持股價值將增加到 121,000 元，獲利 21,000 元。

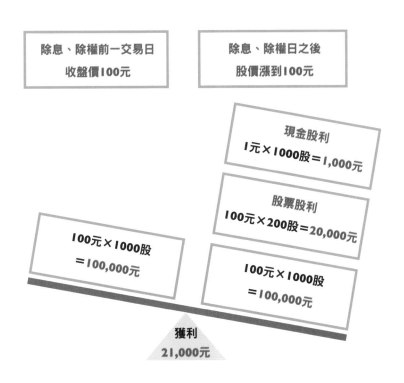

貼息、貼權

　　相對的，如果除息、除權日之後，股價下跌至 75 元，出現貼息、貼權的情況，這時持股價值將降低到 91,000 元，反而造成 9,000 元的損失。

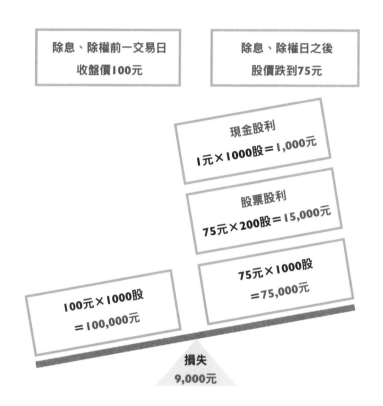

2 是否負擔過高的股利所得稅及健保補充保費？

目前股利所得稅採二擇一制，投資人可根據以下兩種方式選擇較有利的方式繳納股利所得稅：

- 可抵減稅制：將獲配股利金額併入個人綜合所得課稅並就股利的 8.5% 計算可扣抵稅額，抵減投資人的應納稅額，每戶可抵減上限為八萬元。

- 單一稅率制：按獲配股利的 28% 分開計算稅額，與個人綜合所得稅合併申報。

　　由股利所得稅課徵方式可知，大部分小額投資人應該會選擇可抵減稅制。若其綜合所得稅稅率低，很有機會不需要繳納股利所得稅，甚至還可以退稅，此時小額投資人便可選擇參與除息；反之，若綜合所得稅稅率很高，如股市大戶，其綜合所得稅稅率可能高達 40%，則會選擇單一稅率制，若其認為 28% 的股利所得稅過高，便可能不參與除息。

股利所得稅釋例

　　假設投資人持有一張股票 B 且適用 5% 的綜合所得稅稅率，若該股票每股發放 10 元現金股利，其股利所得稅的課徵方式如下表：

二擇一制		
	可抵減稅制	股利淨額＝$10×1000＝10,000（元）
		可抵減稅額=$10,000×8.5%=850（元）
		股利所得稅＝$10,000×5%－$850＝-350（元）
	單一稅率制	股利淨額＝$10×1000＝10,000（元）
		股利所得稅＝$10,000×28%＝2800（元）
選擇結果		應選擇可抵減稅制，即退稅350元

　　除了股利所得稅外，獲配股利是否需額外負擔健保補充保費，也是考量因素之一。依現行規定，若股利金額單筆超過兩萬元，投資人會被額外扣取 2.11% 的健保補充保費，若投資人不想負擔健保補充保費，便可選擇不參與除息。

現金股利 vs 股票股利

　　現金股利與股票股利各有其優缺點。現金股利因可直接獲得現金，投資人感覺較有保障，同時也可直接拿來運用，不必擔心變現問題。至於股票股利，雖然會增加投資人持有的股票數量，但因除權參考價大幅調整，除非該股票在除權日之後出現「填權」的走勢，否則投資人將不會因發放股票股利而有所獲益，甚至可能出現「貼權」的情況，進而產生損失。

　　雖然現金股利同樣也會有貼息的情況產生，但因除息參考價的調整幅度遠小於除權參考價，股票在除息日之後完成填息的機率相對較高。此外，由於發放股票股利會使公司的股本膨脹，若公司獲利成長不及股本增加速度，將會稀釋每

股盈餘，進而影響股東的權益。

當一家公司宣布將發放高股息時，股價通常會以上漲來
回應公司的高股息政策，故投資人應多加注意各公司發放股
利的情況，以掌握高股息殖利率的個股。

現金股利和股票股利比一比

項目	現金股利	股票股利
發放形式	現金	股票（盈餘或資本公積轉增資）
對公司資產的影響	減少	沒有影響
對保留盈餘的影響	減少	減少
對股東權益的影響	減少	沒有影響（保留盈餘移轉到股本）
對股本的影響	沒有影響	增加
對流通在外股數的影響	沒有影響	增加
每股淨值	減少	減少

投資股票會有哪些相關的費用？

了解股票的報酬來源之後，投資人還必須知道投資股票的相關費用與稅負，以免讓過高的交易成本侵蝕掉獲利。

投資股票的相關費用

Ⅰ 交易手續費

目前，買進股票及賣出股票必須按成交金額支付「交易手續費」給證券經紀商，費率上限為 1.425‰。

實務上來說，證券經紀商都會給自己客戶手續費折扣，

尤其是電子下單的手續費甚至可以降到 1.7 折～ 6.5 折。因此，投資人在尋找證券經紀商時，最好貨比三家，找出下單方便、手續費折扣高的證券經紀商，如此將可省下不少的交易成本。

在買進或賣出股票成交時，證券商都會自動從你應付買進的股款中，加計交易手續費；在你應得賣出的股款中，扣減交易手續費。所以，投資人不必費心去計算。

2 證券交易稅

在稅負方面，賣出股票時必須按成交金額支付 3‰ 的「證券交易稅」給政府，證券經紀商會幫政府代徵這筆稅。若為現股當沖，證券交易稅減半徵收。

範例

　　假設你一個星期前，以每股 56 元買進 1 張富邦金（2881）股票，今天以每股 60 元賣出富邦金股票，在計算交易手續費（1.425‰）及證券交易稅（3‰）的情況下，你的淨投資損益計算如下：

買賣須承擔的交易成本

買進手續費 1.425‰ ＋賣出手續費 1.425‰ ＋證券交易稅 3‰ ＝ 5.85‰

價差收益＝（60 元－ 56 元）×1000 股＝ 4,000 元

買進交易手續費＝ 56 元 ×1000 股 ×1.425‰ ≒ 79 元

賣出交易手續費＝ 60 元 ×1000 股 ×1.425‰ ≒ 85 元

賣出時的證券交易稅＝ 60 元 ×1000 股 ×3‰ ＝ 180 元

淨投資損益＝ 4,000 元－ 79 元－ 85 元－ 180 元＝ 3,656 元

投資報酬率＝ 3,656 元 ÷（56 元 ×1000 股）×100％
　　　　　＝ 6.53％

＊ 在此採小數點以下無條件捨去方式計算。

短線交易的成本相當驚人

從前面例子來看，單獨看買賣一趟的成本 5.85‰，好像不多，但如果你一年來回買賣 171 趟（約兩天買賣一趟），假設這檔股票的價格都不變，你知道要支付多少交易成本嗎？

答案是 100％，換句話說，你所付掉的交易成本已經跟你的投資本金一樣多了。

5.85‰×171 趟 ≒ 100％

3 證券交易所得稅（即資本利得稅）

自 2016 年 1 月 1 日起，停徵證券交易所得稅，證券交易損失亦不得自所得額中減除。惟法人部分仍須將其證券交易所得納入最低稅負制課徵，扣除額為 50 萬元，稅率 12％，持有三年以上的股票享稅率減半優惠，虧損當年度可扣除及後延五年。

4　健保補充保費

　　投資國內股票所獲配的現金股利，金額若超過兩萬元，公司將於給付現金股利時按股利所得的 2.11％ 扣取健保補充保費給健保局，扣取上限為單次 1 千萬元。而股票股利則以每股面額 10 元計算，若配股數乘以每股面額 10 元後的金額超過兩萬元，也必須繳納 2.11％ 的補充保費，若發放股票股利的公司同時也有發放現金股利，則股票股利的補充保費將從現金股利中扣取；若否，將由健保局另外開單收取。因此，投資人如果想避開健保補充保費，可以不要參與除息（權）或選擇存託憑證、第一上市（櫃）等外國公司的股票投資，就不會多出這筆費用了。

健保補充保費扣取範例

　　王小明持有 60532 股王品股票，110 年獲配 264,210
元的現金股利，且全部屬公司以盈餘發放的股利。由於
超過兩萬元門檻，因此會在股利發放時被扣取 5,575 元
(264,210×2.11%) 的健保補充保費。

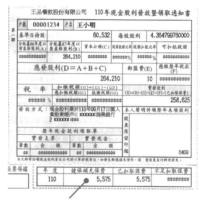

$264,210×2.11\%=\$5,575

chapter 4

投資股票會有哪些風險？

哪些因素會造成股票投資風險？

　　股票雖然具有較高的預期報酬，但也隱含了不少的投資風險。投資人在進行股票投資前，除了積極爭取潛在報酬外，也應有強烈的風險意識，才能在千變萬化的股市裡，股海揚帆。基本上，投資股票的風險來源有個別產業因素、個別公司因素、總體經濟因素、市場內部因素及非經濟因素等，分別說明如下：

投資股票的風險來源

Ⅰ個別產業因素

● 產業發展階段

　　草創期或新興產業的預期報酬較高，但負擔的產業風險也較高；反觀成熟期產業的風險較低；處於衰退期的產業則不值得投資。

● 產業景氣循環

　　產業成長趨緩或進入衰退時，股價通常會領先下跌。而各產業的景氣循環週期不一，例如科技產業較短，傳統產業較長。

● 產業政策

　　當政府取消某產業的優惠措施（如租稅減免）時，將減弱

有些風險對股市的影響是長遠的，有些風險對股市的影響則是短暫的。如果是短暫的風險，投資人看到股市大跌時應該感到高興，千萬不要隨著市場一起恐慌，因為這時候才有便宜的股票可以買。

產業獲利能力；反觀如果獲得政府支持，則有利產業發展。如政府制定《生技醫藥產業發展條例》將有利國內生技業的發展，另外為加速產業轉型升級，政府也積極推動智慧機械、綠能科技等產業，投資人便可從中挑選潛力個股。

2 個別公司因素

● 管理階層

　　管理能力不佳或經常異動，個別公司風險愈高。

● 營運風險

　　公司固定成本愈高，獲利受景氣影響將會愈大，營運風

險也愈高，如 DRAM、面板、太陽能產業。

● **財務風險**

公司負債比率愈高，財務風險愈高，又稱違約風險或信用風險。

● **法律訴訟風險**

關鍵專利數愈少，公司遭受專利訴訟的風險愈高，例如過去智慧型手機產業大打專利戰，就是典型的例子。

3　總體經濟因素

● **物價**

物價持續上漲將會降低民眾的購買力，如果從股市賺得的報酬率低於物價上漲率，投資人的實質報酬率將會小於 0，這就是通貨膨脹風險或購買力風險。若有通貨膨脹壓力，各

國央行通常會收緊市場資金或採取升息的方式因應，此時便不利股市。如 2022 年美國聯準會為了抑制通膨採鷹式升息，便造成股市重挫。

● 景氣循環

　　景氣成長趨緩或進入衰退時，股市通常會「領先」下跌。

● 利率

　　高利率不利於股市上漲，因為資金會流到銀行存款，股市資金動能將會減少；此外，高利率也不利於公司經營，因為資金成本較高，會降低公司的獲利能力。

● 匯率

　　實質面而言，新台幣升值不利於出口廠商，貶值則不利於進口廠商；就金融面而言，新台幣有升值的預期比較有利於整體股市上漲，因為這時候全球資金會湧入國內。

● 金融危機

無論是本土性或全球性金融危機都會重挫股市，例如：
1998 年亞洲金融風暴、2008 年金融海嘯、2011 年歐洲主權債
務危機等，都造成全球性股災。

● 貿易壁壘或保護主義興起

當國際間築起貿易壁壘或保護主義興起將不利全球化的
發展，如中美貿易戰、科技戰便牽動著全球股市的行情走勢。

4 市場內部因素

● 交易機制及交易成本

交易機制愈不健全或交易成本愈高，投資人參與交易的
意願將會降低，愈不利股市發展，例如每當政府計畫課徵證
券交易所得稅時，都會引起龐大的股市賣壓。

● 交易活絡度

交易愈不活絡，股票的流動性風險愈高，例如興櫃股票的流動性風險就比一般上市（櫃）股票高。

● 人為干預

每當股市重挫時，政府都會祭出干預市場的措施，例如禁止放空或縮小跌幅限制，如此將會提高股市的流動性風險。

5　非經濟因素

● 政治因素或戰爭

例如：過去台灣股市受兩岸關係的影響非常大；911 恐怖攻擊事件也曾造成全球股市重挫；地緣政治 (如朝鮮半島、中東地區) 的發展也常引起股市騷動；2022 年俄烏戰爭亦造成全球股市動盪。

● 天災及全球性流行病

天災（如台灣921、日本311大地震）或全球性流行病（如COVID-19蔓延全球）常常會影響全球供應鏈的運作，嚴重的時候甚至會形成斷鏈危機，進而影響全球股市。

如何才能降低投資風險？

　　我們常以「不要將所有的雞蛋放在同一個籃子裡」來闡釋風險分散的道理，這句話中的雞蛋好比可以投資的資金，籃子則是投資人所能投資的股票。將資金分散投資於不同的股票，即便某些股票出現虧損，其他股票也不見得會一起出現虧損。

　　即便投資人將資金投資於不同的股票，但是如果這些股票的同質性或連動性太高，這樣風險分散的效果仍有限，就跟把所有雞蛋放在同一個籃子裡可能面對的風險，是一樣的道理。

分散投資法

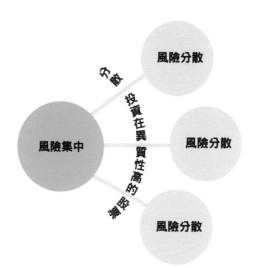

換句話說，如果你持有愈多異質性或連動性不高的股票，風險分散的效果愈好；相反的，如果持有愈多同質性或連動性高的股票，就算分散投資，這樣風險分散的效果也不會太好。

分散投資的方法可以降低投資風險（例如個別產業或個別公司的風險），但對有些風險是無效的，尤其是來自總體經

濟因素的風險。以 2008 年金融海嘯為例，在全球股市接連重挫期間，無論你持有哪種股票，都難逃跌價的命運。這種風險就稱為市場風險或系統風險，屬於不可分散的風險。

風險分散的極限

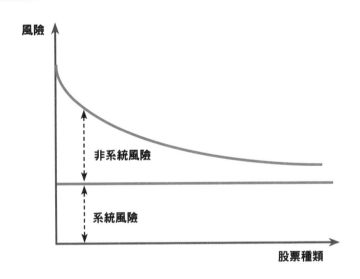

是不是每個人都適合分散投資法？

　　一般人都知道分散投資可降低投資風險，但分散投資法適合每位投資人嗎？試想一個只有 10 萬元投資本金的投資人，他的投資標的能夠多分散呢？大概只能買進 2 ～ 3 檔中價位的股票。你可能會問，如果選擇 10 元以下的股票，不就可以投資將近 10 檔的股票，也能分散風險啊。試問，10 元以下的股票值得投資嗎？手上如果都是不好的股票，就算持有多檔也是枉然，甚至還有可能會面臨股票下市的風險。

　　那麼小額投資人就沒有辦法分散風險嗎？如果單以股票投資而言，小額投資人的確很難分散風險，但目前市場上的基金商品則非常適合小額投資人作為分散風險的工具，例如

共同基金或指數股票型基金（ETF）。共同基金是投信公司集合眾人資金後再委由專業經理人操盤的商品，由於資金有一定的規模可分散投資，所以具有風險分散的效果。指數股票型基金也是由投信公司發行，是一種指數化商品，目的是追蹤股價指數的績效表現，投資一檔指數股票型基金，相當於投資整個股價指數的成分股，風險分散的效果更為顯著。目前台灣 ETF 商品相當多元，投資人可依本身的投資需求進行選擇。

共同基金與指數股票型基金的比較

項目	共同基金 （以開放型基金為例）	指數股票型基金 （ETF）
買賣管道	投信公司、銀行、證券商、投顧公司	與上市（櫃）股票相同
買賣價格依據	基金淨值	市場價格
交易資訊	收盤後才能得知當天的基金淨值	盤中即能得知交易價格
投資目標	除指數型基金外，大多以擊敗大盤為目標	以追蹤股價指數為目標
操作彈性	申購價格僅能以當天淨值計算，贖回時則以申請隔日淨值計算。無法信用交易，操作彈性較差	盤中隨時能夠交易，且能從事信用交易，看壞股市時能放空ETF，操作彈性較佳
投資費用	會有申購、贖回手續費，並從基金淨值中扣除管理費及保管費	買賣手續費與股票相同，證券交易稅1‰，同樣也會從基金淨值中扣除管理費及保管費，但管理費率遠低於一般共同基金
績效表現	除指數型基金外，視經理人操作功力而定	與股價指數亦步亦趨

哪種股票的股價波動會比較大？

　　一般而言，我們常會以股價的波動性來比較股票的投資風險，波動性愈大，投資風險愈高。通常，小型股的波動性會高於大型股。當股市處於多頭行情時，小型股的漲幅通常會大於大型股；同樣的，當股市處於空頭行情時，小型股的跌幅通常也會大於大型股。投資人可以根據自己的風險承受度，選擇適合的股票進行投資。

股性與股票選擇

股性活潑與否和股票的好壞無關。股性活潑的股票比較適合短線操作的投資人，股性溫吞的股票則適合比較保守的投資人。

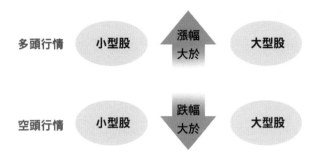

股票的波動性並非一成不變

- 在台灣股市中，哪一類股的波動性最大呢？相信大家的答案應該都是「電子股」。沒錯，過去電子股的股性在所有類股中是最活潑的，常常出現大漲大跌的走勢，投資人如果能抓住起漲點，獲利數倍是輕而易舉的事；相對的，如果投資人追到最高點，也很容易慘遭滑鐵盧。

- 股票的波動性並非一成不變，而是會隨著時間經過而改變的，有些股票可能從過去的高波動性轉變成低波動性，當然有些股票也可能從低波動性轉變成高波動性，例如受新冠肺炎疫情影響，在缺船、缺櫃、塞港的情況下，海運運

價飆漲,使航運股成為盤面交投重心,股性瞬間活潑了起來,成為現股當沖的熱門標的。然而,高投資風險也隨之而來,股價從歷史高點一路摜殺,許多融資戶(融資交易將於往後單元介紹)紛紛認賠殺出、畢業出場。

航運類股指數及成交量圖

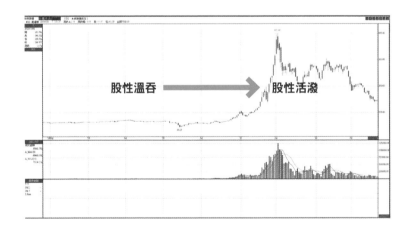

高風險真有高報酬嗎？

　　我們常以「高風險、高報酬；低風險、低報酬」來闡釋風險與報酬的關係，但承擔高風險，就一定會有高報酬嗎？答案是不一定的。因為這句話中的報酬，是指預期報酬，而不是實際報酬。也就是說，投資較高風險的股票，不一定會有較高的「實際報酬」，而只是「預期報酬」較高而已。

銀行存款實例

　　假設現在小陳存了 100 萬元到銀行的定存戶頭裡，年利率 1%，一年後他「一定」可以領回多少？

今年存入100萬元

 銀行存款年利率1％，一年後

1,000,000元×（1＋1％）＝1,010,000元

小陳「一定」可以領回1,010,000元

賺得1萬元

高風險高報酬

為什麼高風險的股票，必須要有較高的預期報酬呢？因為大多數投資人是不喜歡風險的，所以當股票本身隱含較高風險時，必須能提供較高的預期報酬以作為投資人承擔高風險的補償。

投資股票實例

　　假設老張今天以 60 萬元買進每股 600 元的聯發科（2454）
股票，一年後老張賣股所能拿回的金額，視股價的漲跌而
定……

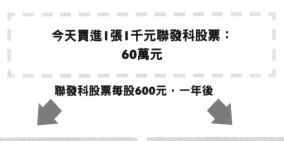

　　由此可知，股票的報酬可能高於定存，但股票背後所隱
含的「風險」也高於定存。

chapter | 5

融資融券交易實務

何時運用融資、融券？

　　融資融券，簡單來說就是借錢買股票及借股票來賣。在前面章節中，我們曾經提到股市贏家特質之一就是不要借錢買股票，除非你是股市高手，否則不要輕易嘗試。既然如此，為何要在這裡介紹融資融券呢？因為要先了融資融券的運作，才能體認融資融券的風險，或是在你成為股市高手時派上用場。

　　基本上，融資是作多的工具，融券是作空的工具。如果你認為台積電（2330）股票未來有上漲的空間，就可以「融資買進」該股票。當台積電股票真的漲上去時，你就可以「融資賣出」該股票，獲利出場。相反的，如果你認為台積點股票未

來有下跌的空間,就可以「融券賣出」該股票,當台積電股票
真的跌下去了,你就可以「融券買進」該股票,獲利出場。

融資融券的運用時機

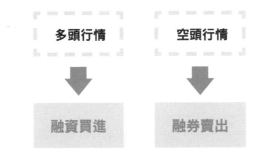

融資融券的第一步：開立信用交易帳戶

在前面篇章已經介紹如何開立證券帳戶，但這個帳戶只能從事現股交易，如果要融資融券，必須另外再開立信用交易帳戶。但也不是每位投資人都有資格開立信用交易帳戶，必須符合以下條件：

開立信用交易帳戶所需條件

┃ 身分

成年人或依我國法律組織登記的法人。

2　交易經歷

開立受託買賣帳戶滿三個月。

最近一年內委託買賣成交 10 筆以上，累積成交金額達所申請融資額度之50%，其開立受託買賣帳戶未滿一年者亦同。

3　財力證明

最近一年的所得及各種財產合計，達到所申報融資額度的 30%。

申請融資額度 50 萬元以下者，可以免附所得或各種財產的證明文件。

信用交易帳戶限制

投資人可選擇在證券商或其代理的證券金融公司開立信用交易帳戶，每位投資人在同一家證券商或證券金融公司只能開立一個信用交易帳戶，如果連續三年以上沒有信用交易，會被證券商或證券金融公司註銷信用交易帳戶。

信用交易雙軌制

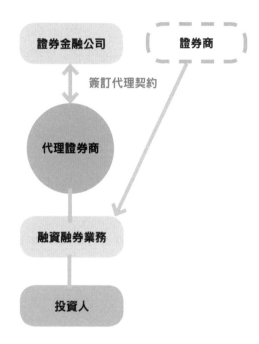

如何進行融資交易？

　　基本上，融資交易就是向證券商或證券金融公司借錢買股票。融資買進股票時，必須按融資成數支付融資自備款，目前上市(櫃)股票的融資成數皆為 60％，代表你融資買進上市(櫃)股票，必須支付 40％的自備款，其餘 60％則是向證券商或證券金融公司融資。而買進的股票必須當作融資的擔保品，等到以後你賣出股票時，再將融資金額加計利息償還給證券商或證券金融公司。

　　假設半年前你以每股 80 元「融資買進」一張揚明光（3504）股票，交割時你要支付的成本，計算如下：

證券商手續費＝ 80 元 ×1000 股 ×1.425‰ ＝ **114 元**

融資金額＝ 80 元 ×1000 股 ×60％ ＝ **48,000 元**

（未滿 1,000 元部分不予計算）

融資自備款＝ 80 元 ×1000 股－ 48,000 元＝ **32,000 元**

交割金額＝證券商手續費＋融資自備款

　　　　＝ 114 元＋ 32,000 元＝ **32,114 元**

接著在半年後，你以每股 100 元「融資賣出」一張揚明光（3504）股票，如果融資年利率為 6％，它的投資損益及報酬率是多少？

證券商手續費＝ 100 元 ×1000 股 ×1.425‰ ＝ **142 元**

證券交易稅＝ 100 元 ×1000 股 ×3‰ ＝ **300 元**

賣出價款＝ 100 元 ×1000 股＝ **100,000 元**

償還融資金額及利息＝ 48,000 元＋ 48,000 元 ×6％ ÷2

　　　　　　　　　＝ **49,440 元**

投資損益＝資本利得－證券商買進和賣出手續費－證券

交易稅－**融資利息**

$$= （100 元－80 元）×1000 股－（114 元＋$$

$$142 元）－300 元－\mathbf{1,440 元}$$

$$= 19,444 元－\mathbf{1,440 元}$$

$$= \mathbf{18,004 元}$$

為現股交易投資損益

$$報酬率＝\frac{投資損益}{投資自備款}$$

$$=\frac{18,004}{32,000}×100\%$$

$$=\mathbf{56.26\%}$$

＞

現股交易報酬率

$$=\frac{19,444}{80,000}×100\%$$

$$=\mathbf{24.31\%}$$

融資交易風險高

如果看對行情，融資交易報酬率的確會比現股交易高出許多；但如果
看錯行情呢？融資交易的損失率也會遠高於現股交易。所以融資交易
的風險很高，沒有把握，最好不要使用。

如何進行融券交易？

　　基本上，融券交易就是向證券商或證券金融公司借股票來賣，實務上稱為「放空股票」。融券賣出股票時，必須按融券保證金成數支付保證金。目前上市（櫃）股票的融券保證金成數均為 90％，代表你融券賣出股票，必須支付的保證金為賣出價款的 90％，並以「融券擔保價款」作為擔保品，等以後你回補（也就是融券買進）股票時，再將股票償還給證券商或證券金融公司。在融券過程中，你必須額外支付融券手續費給證券商或證券金融公司，而證券商或證券金融公司則會支付你融券保證金及融券擔保價款所衍生的利息。

融資成數及融券保證金成數的調整機制

1. 當股價波動過度劇烈或成交量過度異常，或股權過度集中情事如同時發生或交錯發生時，以降低融資成數一成及提高融券保證金成數一成為限。
2. 當有監視第二次處置，則降低融資成數六成及提高融券保證金成數一成。
3. 當同時發生多種事由，降低融資成數及提高融券保證金成數採累計，融資成數至多降六成（即融資成數為零成），融券保證金成數提高之累計則無上限。

另外，金管會也常在股市有崩盤危機時調高融券保證金成數，以維持市場秩序並保障投資人權益。如 2022 年，受俄烏戰爭、通膨及全球央行加速升息等因素影響，台股出現崩跌走勢，當時金管會曾數次調高融券保證金成數至 120%。

參考公式

融券擔保價款＝

融券賣出價款－融券手續費－賣出手續費－證券交易稅

假設你半年前以每股 100 元「融券賣出」一張長榮（2603）股票，如果融券手續費率為 **0.8‰**，那麼，交割時你要支付的成本是多少？

證券商手續費＝ 100 元 ×1000 股 ×1.425‰ ＝ **142 元**

證券交易稅＝ 100 元 ×1000 股 ×3‰ ＝ **300 元**

融券手續費＝ 100 元 ×1000 股 ×0.8‰ ＝ **80 元**

融券擔保價款＝ 100 元 ×1000 股－ 142 元－ 300 元－ 80 元

＝ **99,478 元**

交割金額＝融券保證金＝ 100 元 ×1000 股 ×90%

＝ **90,000 元**

接著在半年後，你以 80 元「融券買進」回補一張長榮（2603）股票，如果融券保證金及融券擔保價款利率為 **0.2%**，它的投資損益及報酬率，計算如下：

證券商手續費＝ 80 元 ×1000 股 ×1.425‰ ＝ **114 元**

融券擔保價款的利息

＝ 99,478 元 ×0.2% ÷2 ＝ **99 元**

融券保證金的利息

＝ 90,000 元 ×0.2% ÷2 ＝ **90 元**

投資損益

＝資本利得－證券商賣出和買進手續費－證券交易稅－
融券手續費＋利息

＝（100 元－ 80 元）×1000 股－（142 元＋ 114 元）－
300 元－ 80 元＋（99 元＋ 90 元）

＝ **19,553 元**

$$報酬率 = \frac{投資損益}{融券保證金}$$

$$= \frac{19,553}{90,000} \times 100\%$$

$$= \mathbf{21.73\%}$$

空頭市場放空注意事項

進入空頭市場的尾聲時，很多主力作手會先釋放很多利空消息進行養空，再利用快速拉升股價的方式進行軋空，使放空者被迫回補，因此在空頭市場放空時必須特別注意。

如何進行當日沖銷？

　　在信用交易中，除了單獨使用融資或融券進行交易外，投資人也可以在同一交易日，同時「融資買進」與「融券賣出」同一檔股票，進行「當日沖銷」。進行當日沖銷，投資人無須支付任何融資自備款及融券保證金，只須支付交易手續費、融券手續費及證券交易稅。

當日沖銷範例

　　假設你今天以每股 50 元「融資買進」一張聯強（2347）股票，融券手續費率為 0.8‰。盤中聯強漲到 53 元，這時就

可以下單「融券賣出」一張聯強股票，如果在 53 元成交，則完成這次的當日沖銷。你的損益計算如下：

投資損益

＝資本利得－買進手續費－賣出手續費－證券交易稅－融券手續費

$= （53 元 － 50 元 ）\times 1000 股 － 50 元 \times 1000 股 \times 1.425‰ － 53 元 \times 1000 股 \times （1.425‰ ＋ 3‰ ＋ 0.8‰）$

$= 3,000 － 71 － 75 － 159 － 42$

$= 2,653 元$

股性活潑的股票適合當日沖銷

進行當日沖銷時，必須注意股票的流動性風險。如果股票交易不活絡，將會增加當日沖銷的難度。此外，股性活潑的股票比較適合作為當日沖銷的標的。

什麼是擔保維持率？

前面我們曾經提到，投資人必須將融資買進的股票當作融資擔保品，而融資擔保品市值與融資金額的比率就是「融資部位擔保維持率」。同樣的，當投資人融券賣出股票時，除要繳交融券保證金外，還須將融券擔保價款當作融券的擔保品。如果將保證金與融券擔保價款除以融券標的股票市值，就可以得到「融券部位擔保維持率」。如果投資人同時有融資部位及融券部位，則其「整戶擔保維持率」的計算如下公式：

參考公式

$$整戶擔保維持率 = \frac{融資擔保品市值＋原融券擔保價款及保證金}{原融資金額＋融券標的股價市值}$$

融資部位股價下跌，或是融券部位股價上漲，都會使擔保維持率下降。

擔保維持率的計算

假設 4 月 13 日，你以每股 55 元融資買進一張 TPK-KY（3673）股票，並以每股 32 元融券賣出旺宏（2337）股票，如果融券手續費率 0.8‰，那麼，融資金額、融券保證金、融券擔保價款各是多少？

融資金額＝ 55 元 ×1000 股 ×60％＝ 33,000 元

融券保證金＝ 32 元 ×1000 股 ×90％＝ 28,800 元

融券擔保價款

＝ 32 元 ×1000 股 ×（1 － 0.8‰ － 1.425‰ － 3‰）

≒ 32,000 － 25 － 45 － 96

≒ 31,834 元

假設 4 月 20 日，TPK-KY 股價為 52 元，旺宏股價為 35元，則整戶擔保維持率是多少？

$$融資部位擔保維持率 = \frac{融資擔保品市值}{原融資金額}$$

$$= \frac{52\,元 \times 1000\,股}{33,000\,元} \times 100\%$$

$$\fallingdotseq 157.58\%$$

$$融券部位擔保維持率 = \frac{原融券擔保價款及保證金}{融券標的股價市值}$$

$$= \frac{31,834元 + 28,800元}{35\,元 \times 1000\,股} \times 100\%$$

$$\fallingdotseq 173.24\%$$

$$整戶擔保維持率 = \frac{融資擔保品市值 + 原融券擔保價款及保證金}{原融資金額 + 融券標的股價市值}$$

$$= \frac{\boxed{52\,元} \times 1000\,股 + \mathbf{31,834\,元} + 28,800\,元}{33,000\,元 + \boxed{35\,元} \times 1000\,股} \times 100\%$$

$$\fallingdotseq 165.64\%$$

TPK-KY股價上漲時會使擔保維持率上升；反之則會下降。

旺宏股價上漲時會使擔保維持率下降；反之則會上升。

何時會收到追繳通知書？

當你的整戶擔保維持率因股價波動而低於 130％ 時，你將會收到證券商或證券金融公司的追繳通知書。這時你必須在期限內，針對擔保維持率低於 130％ 的個股進行補繳。如果投資人無法補足差額，證券商或證券金融公司將有權處分你的擔保品，也就是俗稱的「斷頭」。

融資補繳範例

延續前面單元的例子來看，假設在 7 月 20 日，TPK-KY 股價跌到 42 元，旺宏股價漲到 46 元，則整戶擔保維持率是多少？

$$融資部位擔保維持率 = \frac{融資擔保品市值}{原融資金額}$$

$$= \frac{42\,元 \times 1000\,股}{33{,}000\,元} \times 100\%$$

≒ **127.27%**

$$融券部位擔保維持率 = \frac{原融券擔保價款及保證金}{融券標的股價市值}$$

$$= \frac{31{,}834\,元 + 28{,}800\,元}{46\,元 \times 1000\,股} \times 100\%$$

≒ **131.81%**

參考公式

融資補繳差額

＝原融資金額－（計算日收盤價 × 原買進股數 × 融資成數）

融券補繳差額

＝（計算日收盤價格 × 融券股數 × 融券保證金成數－原融券保證金）＋（計算日收盤價格 × 融券股數－原融券賣出價款）

$$整戶擔保維持率 = \frac{融資擔保品市值＋原融券擔保價款及保證金}{原融資金額＋融券標的股價市值}$$

$$= \frac{42 元 \times 1000 股＋\mathbf{31,834 元}＋28,800 元}{33,000 元＋46 元 \times 1000 股} \times 100\%$$

$$≒ \mathbf{129.92\% < 130\%}$$

　　由於整戶擔保維持率低於 130％，你將會收到追繳通知書，並針對擔保維持率低於 130％的融資部位（TPK-KY 股票）進行補繳，應補繳多少金額呢？

融資補繳差額

＝原融資金額－（計算日收盤價 × 原買進股數 × 融資成數）

＝ 33,000 元－（42 元 ×1000 股 ×60％）

＝ 7,800 元

融資補繳小提醒

如果你不補繳，證券商有權將你的融資部位斷頭，也就是將 TRK-KY 股票全部賣掉，擔保品不足部分你仍須繳納。

不可不知的融資融券相關限制

除了前面說明的融資融券交易規則外，以下還有一些融資融券的相關限制，你也必須了解。

融資融券相關限制

▎不是所有股票都能融資融券

例如初次上市（櫃）股票掛牌未滿 6 個月者，或被處以暫停融資融券者（例如，每股淨值低於面額或融資融券餘額達到一定限額），都是不能融資融券的。

2 停止融券規定

公司舉行股東會或除息（權）時，為方便股務處理，通常會訂定停止過戶日。自發行公司停止過戶前 6 個營業日起，停止融券賣出 4 天；已融券者，應於停止過戶第 6 個營業日前還券了結（即融券強制回補）。但發行公司因召開臨時股東會或停止過戶原因不影響行使股東權而停止過戶者，已融券者不須回補。

3 融資融券期間

期限半年，證券商或證金公司可視客戶的信用狀況，准予申請展延期限，最長一年半。為合理保障證券商債權，自2018 年 10 月 1 日起，證券商得基於對擔保品或委託人信用狀況風險考量，提前終止融資融券期限展延（原始期限 6 個月部分不得要求委託人提前償還），惟證券商應明訂得行使終止展延的具體條件，且應先以書面通知委託人，並給予 10 個營業日了結買賣。

4 可進行平盤以下放空

　　2013 年 9 月 23 日起已全面開放所有得為融資融券股票可進行平盤以下放空，惟前一個營業日收盤價為跌停者，當日不得於平盤以下放空。

　　投資人可利用融券強制回補的規定，鎖定融券餘額較高的股票進行投資。

停止過戶日與停止融券之關係

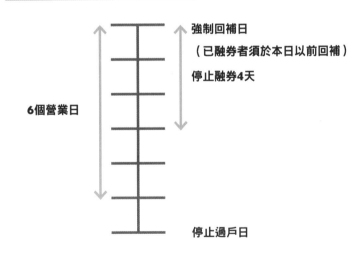

6個營業日

強制回補日
（已融券者須於本日以前回補）

停止融券4天

停止過戶日

chapter 6

選股的要訣

長期投資真的能賺到錢嗎？

　　很多專家都會建議投資人要有長期投資的觀念，但長期投資真的能賺到錢嗎？這個答案必須視你所選定的股票而定。

　　如果你投資的是一家具有核心競爭力的公司，獲利能跟得上股本成長的速度、每年都有穩定的淨現金流入及配股配息，這樣的股票就適合長期投資，代表性的公司有台積電（2330）、鴻海（2317）、台達電（2308）、中華電（2412）、台塑（1301）、中鋼（2002）等。相反的，如果是一家常虧損、股利發放有一年沒一年的公司，就比較不適合長期投資。

　　下列舉兩個長期投資的例子，你就會了解選股的重要性。

長期投資獲利的例子

假設你在 2000 年 2 月（也就是網路泡沫化前）買在台積電當時的歷史最高點 222 元，並一直持有到現在（2022 年 11 月 9 日的股價為 417 元），右頁表格是台積電股票在這段期間所配發的股利，你的投資損益如何？

$$\boxed{\text{參考公式}}$$

配股率＝股票股利 ÷ 面額（10 元）

（為計算方便，右表部分股利金額取近似值，並假設現金股利沒有拿去再投資或存款。）

股利取得年度（年）	現金股利（元）	股票股利（元）	取得股利後的累計持股數及現金股利金額（2000年2月原始買進股數1000股）
2000	0	2.8	累計持股數＝1000股×（1＋28％）＝1280股 累計現金股利＝0元
2001	0	4	累計持股數＝1280股×（1＋40％）＝1792股 累計現金股利＝0元
2002	0	1	累計持股數＝1792股×（1＋10％）≒1971股 累計現金股利＝0元
2003	0	0.8	累計持股數＝1971股×（1＋8％）≒2129股 累計現金股利＝0元
2004	0.6	1.4	累計持股數＝2129股×（1＋14％）≒2427股 累計現金股利＝0.6元×2129股≒1,277元
2005	2	0.5	累計持股數＝2427股×（1＋5％）≒2548股 累計現金股利＝1,277元＋2元×2427股＝6,131元

股利取得年度（年）	現金股利（元）	股票股利（元）	取得股利後的累計持股數及現金股利金額（2000年2月原始買進股數1000股）
2006	2.5	0.3	累計持股數＝2548股×（1＋3％）≒2624股 累計現金股利＝6,131元＋2.5元×2548股＝12,501元
2007	3	0.05	累計持股數＝2624股×（1＋0.5％）≒2637股 累計現金股利＝12,501元＋3元×2624股＝20,373元
2008	3	0.05	累計持股數＝2637股×（1＋0.5％）≒2650股 累計現金股利＝20,373元＋3元×2637股＝28,284元
2009	3	0.05	累計持股數＝2650股×（1＋0.5％）≒2663股 累計現金股利＝28,284元＋3元×2650股＝36,234元
2010~2022/11	84.5	0	累計持股數＝2663股 累計現金股利＝36,234元＋84.5元×2663股＝261,258元

2000年2月

買進成本＝222元×1000股＝222,000元

 持有21年又8個月後

2022年11月9日

當時股價為417元,則持股價值及累計現金股
利合計為1,371,729元

417元×2663股＋261,258元＝1,371,729元

 獲利及報酬率

獲利＝1,371,729元－222,000元
　　＝1,149,729元

獲利率＝1,149,729÷222,000元×100％
　　　＝517.90％

選對股票的重要

如果你選對股票,即便買了之後股價下跌,但經過長時間的配股配
息,你的投資成本將持續降低,可提高解套的機率,甚至反敗為勝。

長期投資虧損的例子

　　假設你也在 2000 年 4 月買進銇德的歷史高點 330 元，並一直持有到現在（2022 年 11 月 9 日的股價為 7.37 元），下表是銇德股票在這段期間所配發的股利，你的投資損益如何呢？

股利取得年度（年）	現金股利（元）	股票股利（元）	取得股利後的累計持股數及現金股利金額（2000年4月原始買進股數1000股）
2000	0	6.5	累計持股數＝1000股×（1＋65％）＝1650股 累計現金股利＝0元
2001	0.5	3	累計持股數＝1650股×（1＋30％）＝2145股 累計現金股利＝0.5元×1650股＝825元
2002	0.1	2.5	累計持股數＝2145股×（1＋25％）≒2681股 累計現金股利＝825元＋0.1元×2145股≒1,040元

股利取得 年度 （年）	現金 股利 （元）	股票 股利 （元）	取得股利後的累計持股數 及現金股利金額（2000年4月 原始買進股數1000股）
2003	0	0	累計持股數＝2681股 累計現金股利＝1,040元
2004	0.2555	0.2555	累計持股數＝2681股×（1＋2.555％） ≒2749股 累計現金股利＝1,040元＋0.2555元 ×2681股≒1,725元
2005～ 2022/11	因公司虧損 沒獲配股利		累計持股數＝2749股 累計現金股利＝1,725元

好的股票帶你獲利

如果你選到的是好股票，即便短線套牢，長線仍有可能獲利，這就是長線保護短線的道理；相反的，如果你選到的是不好的股票，短線套牢就必須嚴控停損，否則可能會沒有解套的一天，甚至會血本無歸；選股的重要性也就在於此。

2000年2月

買進成本＝330元×1000股＝330,000元

 持有21年又8個月後

當時股價為7.37元，則持股值及累計現金股利合計為21,985元

7.37元×2749股＋1,725元＝21,985元

 獲利及報酬率

損失＝330,000元－21,985元＝308,015元

損失率＝308,015÷330,000元×100％＝93.34％

選對產業才能選對個股

　　當一個產業的競爭力及獲利能力明顯下滑時，除非公司成功轉型，否則這種產業的公司都將面臨極大的經營壓力，正所謂「覆巢之下無完卵」就是這道理。這些產業的公司便不是理想的投資標的，即使短線有反彈機會，投資人也不應介入搶短，因為這些股票已經沒有長線保護短線的能力了。

　　大好大壞的產業也不建議投資人介入，因為投資人很容易在產業景氣好時買在高點，當產業景氣一夕之間風雲變色時，如果沒能及時跑掉或執行停損，很容易住進「總統套房」。如 2021 年航運股大賺，股價來到歷史高點，很多散戶跳進去買，之後大戶資金退場，股價則一路下跌，跌幅超過 6

成以上，散戶哀鴻遍野。當時同是景氣循環股的面板股也有相同情況，表示景氣循環股並不適合長期持有。

選股前須知

1 產業競爭力

產業競爭力可以從這個產業在整個供應鏈所在的位置來分析，如果是生產關鍵的原料或零組件，通常這種產業就比較有競爭力。同業是否過度競爭、是否供過於求、是否有替

尋找潛力個股

投資人在選股時，可從股王的交替看出產業趨勢的轉變，進而在對的產業中尋找具有潛力的個股。如過去一直是台股股王的大立光，由於受到蘋果收回手機鏡頭的設計權以及華為被美國制裁的影響，業績不若以往，股王寶座在 2021 年讓給了矽力 -KY，矽力 -KY 是一家電源管理 IC 的設計廠商，應用面包括 5G、電動車、工控等，國內相同產業的公司有類比科、通嘉、茂達、致新，投資人可從中尋找潛力個股。

代性產業的出現，也是重要的考量因素。

2 產業景氣變化

　　產業景氣變化則與產業特性有關，如航運、面板、汽車、塑化、鋼鐵等產業就是很典型的景氣循環概念股，投資人須隨時掌握相關產業的景氣變化，才不會買在股價高檔的時候。

3 政府政策的導向

　　政府政策也會影響產業的發展。在各國政府節能、減碳政策下（如中國的能耗雙控政策），乾淨能源、電動車、儲能等產業將會受惠，高污染、高耗能產業則會受到衝擊。

替代品威脅的範例

　　過去蘋果是宸鴻（3673）的大客戶，有七成的營收來自蘋果，其外掛式（on-cell）觸控面板曾是蘋果 iPhone 的關鍵零組

件。但 2012 年蘋果卻要求供應商提供內嵌式 (in-cell) 觸控面板，並以日本廠商為主要供應商，使宸鴻痛失蘋果訂單，業績直直落，股價當然也「跌跌」不休，從 2013 年的 600 多元一路下跌，最低曾來到 30 多元。可見公司如果無法抵擋替代品的威脅，其競爭力將瞬間消失，因此投資人必須隨時注意產業的變化。

宸鴻股價走勢圖

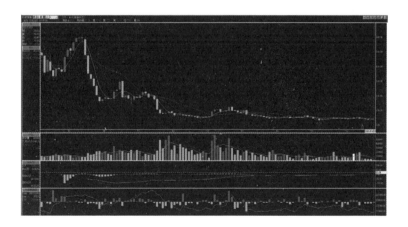

不熟悉的產業及個股最好不要碰

隨著上市（櫃）家數愈來愈多，很多新掛牌公司的業務或所處的產業對投資人而言是很陌生的，在這種情況下，投資人必須做足功課，了解每家公司的業務內容及產業特性，否則就不要投資這些不熟悉的產業或個股。

危險的投資習慣

┃ 道聽塗說選股

投資大師彼得林區曾說：「投資不熟悉的產業或企業，勝

算通常不高。」因此「持股在精不在多」，投資人千萬別亂聽信市場明牌。

很多散戶投資人常常會聽信市場消息或朋友的介紹來買賣股票，完全不過問股票背後所代表的公司所從事的業務有哪些，其實這樣的投資行為是非常危險的。朋友會帶你進場，但不見得會帶你出場，在這樣的情況下，有可能你的朋友已經獲利了結先跑了，你還死抱活抱，直到這家公司出事，你才發覺不對勁就太晚了。因此再次提醒，不熟悉的產業及個股不要碰。

2　同時投資太多股票

雖然多元投資可分散風險，但最好不要在同一時間投資超過五檔股票。投資股票就跟養小孩一樣，必須一檔一檔照顧，一次投資太多股票，你可能會手忙腳亂，資訊也不易掌握。因此盡量投資你最熟悉的產業及個股，即便只有一檔股票也沒有關係，如果你能對一家公司瞭若指掌，知道何時該買、何時該賣，一檔股票就足夠了。

投資人可透過產業價值鏈資訊平台 (https://ic.tpex.org.tw/)
來了解上市 (櫃) 公司所屬的產業鏈。

電子類股 vs 傳產類股

　　在台灣經濟發展中，每個年代都有它代表性的產業。1990 年代以前，房地產業及金融產業賺錢易如反掌，推升股市上萬點，當時的股王清一色都是金融類股，股價都在千元以上。

　　進入 1990 年代，房地產業因供需失衡而泡沫化，並拖累金融產業。同一期間，由於台灣經濟環境從傳統的工業社會轉變為資訊社會，電子產業逐漸嶄露頭角，它高成長、高獲利的表現，吸引大批資金及人才進駐，同時也帶動台灣另一階段的經濟成長，並再度推升股市上萬點。當時股王大多來自於電子代工產業，同時也使台灣投資人鍾情於電子類股。

進而，知識經濟時代的來臨，它造就了許多新興產業的蓬勃發展，例如網路產業。但進入 21 世紀後，網路產業也出現泡沫化的現象，甚至造成經濟嚴重衰退，而台灣電子代工產業在高度競爭下，也逐漸進入「微利時代」，無法再像過去一樣有輝煌的表現了。

然而，過去股價一直受到壓抑的傳統產業，在歷經長期的調整過程，存活下來的都是體質不錯的公司，有時它們的股價表現也不遜於電子類股，觀光類股晶華（2707）還曾當上股王。因此，投資人的觀念也該要有所改變了，選股不應再侷限電子類股，傳統產業也有不錯的標的可以選擇，如台塑四寶、紡織業的儒鴻、自行車業的巨大等。

近幾年在美國五大尖牙股（FAANG）帶動下，科技股重回主流，五大尖牙股包括臉書（已改名為 Meta）、蘋果、亞馬遜、Netflix、Google，相關供應鏈公司的業績也雨露均霑。台積電成為台股的護國神山，很多公司的 EPS 和股價都創下歷史新高紀錄，曾有 12 檔股票同時站上千元（2021 年 11 月的時候），包括矽力 -KY、信驊、力旺、大立光、譜瑞 -KY、祥碩、旭隼、富邦媒、AES-KY、世芯 -KY、聯發科、緯穎，這

其中除了富邦媒外，皆為當紅科技次產業的代表。

　　此外，5G、AI 人工智慧、機器人、智慧機械、電動車、雲端運算、金融科技、元宇宙、低軌衛星等也都是當前熱門的次產業類別，投資人可從中尋找潛力個股。

挑選有競爭力的個股

　　有核心競爭力就是指不易被其他公司取代、複製的能力，一家公司通常可從研發能力、關鍵技術、創新能力、品牌認同、管理能力等構面建立自己的核心競爭力，提高競爭門檻。當然並不一定要每項能力都很強，但至少要有一項是同業最強的。擁有核心競爭力，公司才能在產業中取得一席之地，不會因為同業的競爭而受到影響，這種公司的股票就值得長期投資。

範例

　　鴻海雖然是電子代工業，但它降低成本的管理能力卻是

有目共睹的，因而造就出全球首屈一指的代工王國，全球知名品牌公司幾乎都是他的客戶；台積電、聯發科則是藉由研發能力、技術領先等優勢成為晶圓代工及 IC 設計業的領導廠商；華碩的核心競爭力則在於創新能力以及經營自有品牌。

　　相反的，有些公司可能因掌握到市場先進的優勢而在某一個產業中崛起。但如果進入障礙不高，當大家一窩風搶進這個產業時，市場先進者的優勢將會逐漸消失，最後可能被後進者追上，或是整個產業陷入供過於求或惡性競爭的慘況。投資這種公司的風險就相對較高，如國內 DRAM、LCD、LED 及太陽能產業都有這種現象。

核心競爭力的要素

自有品牌 vs 代工產業

　　1990 年代，台灣代工產業在全球科技產業中扮演舉足輕重的角色，當時代工產業利潤還不錯，電子類股撐起台灣股市的一片天，華碩、廣達、仁寶、英業達、鴻海等都具有代表性，前兩檔還曾當上股王。但隨著資訊產業成長趨緩及產品價格快速滑落，這些廠商的代工利潤遭到嚴重壓縮，對品牌公司的議價能力也日益減弱，毛利率大都剩不到 5％，除了鴻海藉由規模經濟維持一定獲利外，其餘代工業者都難以恢復往日榮景。為了突破經營困境及保有核心競爭力，有些公司直接併購品牌公司，如鴻海併購日本夏普；或分割為代工與品牌，如華碩與和碩的分家，都是藉此帶動公司進行升級。

近年來，擁有自有品牌的公司逐漸受到投資人青睞，股價表現早已凌駕代工產業。除了科技產業外，台灣傳統產業中也有許多不錯的自有品牌公司，例如自行車業的巨大、美利達，輪胎業的正新，食品業的統一，百貨業的遠百，觀光餐旅業的王品、瓦城，連鎖零售業的統一超、全家等，這些股票在近幾年來的股價表現都很不錯。

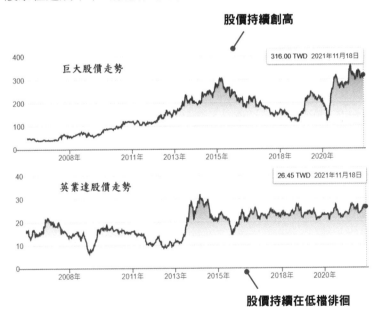

股價持續創高

巨大股價走勢

316.00 TWD 2021年11月18日

英業達股價走勢

26.45 TWD 2021年11月18日

股價持續在低檔徘徊

從財報中挑選出精銳個股

2013 年起上市（櫃）公司的財報將開始使用「國際會計準則（International Financial RepOrting Standards，縮寫 IFRSs）」編製了，因此投資人必須先認識國際會計準則的規定內容才能看懂公司的財報。如果你本身具備財務或會計基礎，你可以上網查詢或學習新的會計準則；但如果你對會計觀念一竅不通，至少必須知道以下的分析重點。

如何解讀財報

解讀財務報表時，除了財報上面的數字外，投資人更應該看財報的附註揭露，因為重要資訊都隱藏其中。

營收愈能穩定成長，代表公司的競爭力沒有問題。

台灣積體電路製造股份有限公司及子公司

合併綜合損益表

民國 109 年及 108 年 1 月 1 日至 12 月 31 日

單位：新台幣仟元，惟
每股盈餘為元

	109年度		108年度	
	金　　額	%	金　　額	%
營業收入淨額	$1,339,254,811	100	$1,069,985,448	100
營業成本	628,108,309	47	577,286,947	54
調整前營業毛利	711,146,502	53	492,698,501	46
與關聯企業間之已（未）實現				
利益	(16,382)		3,395	
營業毛利	711,130,120	53	492,701,896	46
營業費用				
研究發展費用	109,486,089	8	91,418,746	8
管理費用	28,457,593	2	21,737,210	2
行銷費用	7,112,867	1	6,348,626	1
合　　計	145,056,549	11	119,504,582	11

毛利占營業收入比率（毛利率）愈高，代表公司競爭力愈強，而這種股票就愈值得投資。
參考公式
營業毛利＝營業收入－營業成本

研發費用占營收比率愈高，技術愈能領先同業，核心競爭力就愈高。

一次性的營業外收入比較不具有參考性，投資分析時比較重視本業的獲利。

營業利益占營業收入比率（營業利益率）愈高，代表公司獲利能力愈強。如果毛利率很高，但是營業利益率卻不高，代表公司在控管營業費用的能力上有問題。

參考公式

營業利益＝營業毛利－營業費用

其他營業收益及費損淨額	710,127	-	（ 496,224）	-
營業淨利	566,783,698	42	372,701,090	35
營業外收入及支出				
採用權益法認列之關聯企業損益份額	3,592,818	-	2,844,222	-
利息收入	9,018,400	1	16,189,374	1
其他收入	660,607	-	417,295	-
外幣兌換淨益（損）	（ 3,303,298）	-	2,095,217	-
財務成本	（ 2,081,455）	-	（ 3,250,847）	-
其他利益及損失淨額	10,106,410	1	（ 1,151,015）	-
合　計	17,993,482	2	17,144,246	1
稅前淨利	$ 584,777,180	44	$ 389,845,336	36
所得稅費用	66,619,098	5	44,501,527	4
本年度淨利	518,158,082	39	345,343,809	32
……			……	
淨利歸屬予				
母公司業主	$ 517,885,387	39	$ 345,263,668	32
非控制權益	272,695	-	80,141	-
	$ 518,158,082	39	$ 345,343,809	32
綜合損益總額歸屬予				
母公司業主	$ 487,563,478	36	$ 333,440,460	31
非控制權益	272,802	-	79,787	-
	$ 487,836,280	36	$ 333,520,247	31
每股盈餘				
基本每股盈餘	$ 19.97		$ 13.32	
稀釋每股盈餘	$ 19.97		$ 13.32	

每股稅後盈餘（EPS）是投資人最關係的獲利數字。它代表每股能夠賺得的稅後盈餘。每股稅後盈餘愈高代表公司獲利能力愈強。可用來作為計算本益比的參考。

參考公式

本益比＝股價÷每股稅後盈餘

考慮員工認股權的稀釋作用後，所計算出來的每股稅後盈餘。

本期淨利占營業收入比率（淨利率）愈高，代表公司獲利能力愈強。但如果本期淨利多來自營業外收入，甚至本業是虧損的情況，就不值得投資。

參考公式

本期淨利＝營業利益＋淨營業外收入－所得稅費用

從資產負債表看公司的營運及財務風險

　　以下揭示的資產負債表各項內容，屬於公司運用資金所擁有的經濟資源。

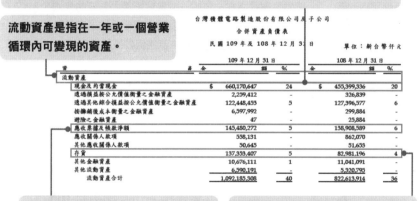

公司現金部位最好能大於流動負債，比較不會有周轉不靈或黑字（代表有盈餘）倒閉的風險；現金部位愈高，愈有伺機併購其他公司的本錢，或發放現金股利的能力。

流動資產是指在一年或一個營業循環內可變現的資產。

應收帳款增加的速度，如果遠高於營業收入，代表公司收帳能力有問題，出現呆帳的風險將會增加。

存貨太多或太少都不好。太少可能會錯失產品大賣的銷售機會；太多則會有跌價損失的風險。

固定資產占總資產的比率愈高，代表盈餘受銷售量變化的影響愈大，也就是營運槓桿或營運風險愈高。如**DRAM**及**LCD**產業就有很高的營運風險，在龐大資本支出下，如果銷售量快速滑落，即面臨很大的虧損壓力。

非流動資產是指流動資產以外，具長期性質的有形、無形資產及金融資產。

非流動資產				
透過其他綜合損益按公允價值衡量之金融資產	4,514,940	-	4,124,337	-
按攤銷後成本衡量之金融資產	4,372,207	-	7,348,914	-
採用權益法之投資	18,841,061	1	18,698,788	1
不動產、廠房及設備	1,555,589,120	56	1,352,377,405	60
使用權資產	27,728,382	1	17,232,402	1
無形資產	25,768,179	1	20,653,028	1
遞延所得稅資產	25,958,184	1	17,928,358	1
存出保證金	1,343,001	-	2,084,968	-
其他非流動資產	4,411,023	-	1,742,918	-
非流動資產合計	1,668,526,097	60	1,442,191,118	64
資　產　總　計	$ 2,760,711,405	100	$ 2,264,805,032	100

以下揭示的資產負債表各項內容，屬於負債資金來源。

非流動負債是指到期期間在一年或一個營業循環以上的負債，屬於長期負債。

流動負債是指在一年或一個營業循環內到期的負債。如果流動資產遠大於流動負債，表示公司處理突發性資金需求的調度能力愈強，產生流動性危機愈小。

	109 年 12 月 31 日			108 年 12 月 31 日		
	金	額	%	金	額	%
負　債　及　權　益						
流動負債						
短期借款	$	88,559,026	3	$	118,522,290	5
透過損益按公允價值衡量之金融負債		94,128	-		982,349	-
避險之金融負債		1,169	-		1,798	-
應付帳款		38,987,284	1		38,771,066	2
應付關係人款項		2,107,718	-		1,434,900	-
應付薪資及獎金		20,071,241	1		16,272,353	1
應付員工酬勞及董監酬勞		35,681,046	1		23,648,903	1
應付工程及設備款		157,804,961	6		140,810,703	6
應付現金股利		129,651,902	5		129,651,902	6
本期所得稅負債		53,909,313	2		32,466,156	1
一年內到期長期負債		2,600,000	-		31,800,000	1
應付費用及其他流動負債		87,683,260	3		56,373,281	3
流動負債合計		617,151,048	22		590,735,701	26
非流動負債						
應付公司債（附註十八及三十）		254,105,084	9		25,100,000	1
長期銀行借款（附註十九及三十）		1,967,611	-		-	-
遞延所得稅負債（附註五及二十六）		1,729,941	-		344,393	-
租賃負債（附註五、十五及三十）		20,560,649	1		15,041,833	1
淨確定福利負債（附註二十）		11,914,074	1		9,182,496	-
存入保證金（附註二十一及三十）		265,599	-		176,904	-
其他非流動負債		2,395,400	-		2,128,279	-
非流動負債合計		292,938,358	11		51,973,905	2
負債合計		910,089,406	33		642,709,606	28

負債總額占總資產的比率（負債比率）愈高，代表自有資金來源愈低，財務風險愈高。

以下揭示的資產負債表各項內容，屬於自有資金來源，也是公司淨值。

> 股本愈大，公司的獲利能力愈加重要，如果盈餘成長跟不上股本增加，每股稅後盈餘將不會有好的表現。

	109 年 12 月 31 日			108 年 12 月 31 日		
	金	額	%	金	額	%
負 債 及 權 益						
歸屬於母公司業主之權益						
股本						
普通股股本		259,303,805	9		259,303,805	11
資本公積		56,347,243	2		56,339,709	3
保留盈餘						
法定盈餘公積		311,146,899	11		311,146,899	14
特別盈餘公積		42,259,146	2		10,675,106	-
未分配盈餘		1,235,280,036	45		1,011,512,974	45
保留盈餘合計		1,588,686,081	58		1,333,334,979	59
其他權益	(	54,679,873)	(2)	(	27,568,369)	(1)
每公司業主權益合計		1,849,657,256	67		1,621,410,124	72
非控制權益		964,743	-		685,302	-
權益合計		1,850,621,999	67		1,622,095,426	72

> 保留盈餘愈多，代表公司可用來投資的自有資金愈多，另一方面也代表愈有能力發放股利。

從現金流量表看公司資金周轉能力

　　現金流量表會揭露公司因從事營業活動、投資活動及籌資活動所會產生的現金流量。

必須注意的是，公司的會計盈餘並不等於現金流量；換句話說，有盈餘的公司最後仍可能因為資金無法周轉而倒閉。

台灣積體電路製造股份有限公司及子公司

合併現金流量表

民國 109 年及 108 年 1 月 1 日至 12 月 31 日

單位：新台幣仟元

	109年度	108年度
營業活動之現金流量：		
稅前淨利	$584,777,180	$389,845,336
調整項目：		
收益費損項目		
折舊費用	324,538,443	281,411,832
攤銷費用	7,186,248	5,472,409
預期信用減損損失－債務工具投資	3,672	1,714
財務成本	2,081,455	3,250,847
採用權益法認列之關聯企業損益份額	(3,592,818)	(2,844,222)
利息收入	(9,018,400)	(16,189,374)
股份基礎給付酬勞成本	6,612	2,818
處分及報廢不動產、廠房及設備淨損（益）	(188,863)	949,965
處分無形資產淨損	599	2,377
不動產、廠房及設備減損損失（迴轉利益）	10,159	(301,384)
透過損益按公允價值衡量之金融工具淨損失（利益）	(3,005)	955,723
處分透過其他綜合損益按公允價值衡量之債務工具投資淨利益	(1,439,420)	(537,835)
處分子公司損失	-	4,598
與關聯企業間之未（已）實現利益	16,382	(3,395)
外幣兌換淨益	(1,372,610)	(5,228,218)
股利收入	(637,575)	417,295)
公允價值避險之淨益	-	(13,091)
租賃修改利益	(2,828)	(2,075)
與營業活動相關之資產／負債淨變動數		
透過損益按公允價值衡量之金融工具	(2,965,270)	848,750
應收票據及帳款淨額	(8,082,708)	(18,119,552)
應收關係人款項	303,939	(277,658)
其他應收關係人款項	7,588	13,375
存　貨	(54,372,211)	20,249,780
其他金融資產	$ 1,389,493	$ 3,383,500
其他流動資產	(1,358,129)	(76,263)
應付帳款	404,607	5,860,068
應付關係人款項	672,818	58,401
應付薪資及獎金	3,798,888	1,800,981
應付員工酬勞及董監酬勞	12,032,143	(332,251)
應付費用及其他流動負債	20,617,359	(2,372,032)
淨確定福利負債	(785,171)	215,014)
營運產生之現金	874,028,577	667,182,815
支付所得稅	(51,362,365)	(52,044,071)
營業活動之淨現金流入	822,666,212	615,138,744

	109年度	108年度
投資活動之現金流量：		
取得透過損益按公允價值衡量之金融資產	-	(124,748)
取得透過其他綜合損益按公允價值衡量之金融資產	(262,637,496)	(257,558,240)
取得按攤銷後成本衡量之金融資產	(4,302,770)	(313,958)
處分透過損益按公允價值衡量之債務工具價款	30,049	2,418,153
處分透過其他綜合損益按公允價值衡量之金融資產價款	266,931,916	230,444,486
按攤銷後成本衡量之金融資產領回	285,210	14,349,190
透過其他綜合損益按公允價值衡量之權益工具投資成本收回	51,052	1,107
除列避險之金融工具	(308,776)	(436,606)
收取之利息	9,775,120	16,874,985
收取政府補助款－不動產、廠房及設備	1,044,327	2,565,338
收取政府補助款－土地使用權及其他	25,369	850,623
收取其他股利	735,081	320,242
收取採用權益法投資之股利	2,752,043	1,718,954
取得不動產、廠房及設備	(507,238,722)	(460,422,150)
取得無形資產	(9,542,387)	(9,329,869)
處分不動產、廠房及設備價款	606,732	287,318
預付租賃款增加	(4,693,416)	-
存出保證金增加	(726,883)	(1,465,766)
存出保證金減少	1,431,837	1,019,294
投資活動之淨現金流出	(505,781,714)	(458,801,647)
籌資活動之現金流量：		
短期借款增加（減少）	($ 31,571,567)	$ 31,804,302
應付短期票券增加	7,485,303	
應付短期票券減少	(7,500,000)	
發行公司債	236,725,675	
償還公司債	(31,800,000)	(34,900,000)
舉借長期借款	2,000,000	-
支付公司債發行成本	(390,730)	
租賃本金償還	(2,615,708)	(2,930,589)
支付利息	(1,781,097)	(3,597,145)
收取存入保證金	145,633	62,203
存入保證金返還	(16,060)	(701,269)
支付現金股利	(259,303,805)	(259,303,805)
因受領贈與產生者	7,269	4,006
非控制權益減少		(75,869)
籌資活動之淨現金流出	(88,615,087)	(269,638,166)
匯率變動對現金及約當現金之影響	(23,498,100)	(9,114,196)
現金及約當現金淨增加（減少）數	204,771,311	(122,415,265)
年初現金及約當現金餘額	455,399,336	577,814,601
年底現金及約當現金餘額	$660,170,647	$455,399,336

　　如果公司每年都能產生穩定的營業活動淨現金流入，代表公司在本業所產生的現金流量足夠支應日常營業的資金需求，比較沒有資金周轉的問題。

如何取得個別公司的公開資訊？

　　為了加強資訊的公開度及便利投資人查詢，政府自 2002 年 8 月 1 日起建立「公開資訊觀測站」，成為投資人獲取公開資訊的單一窗口。投資人可以進入公開資訊觀測站的網站（https://mops.twse.com.tw/mops/web/index），免費查詢上市、上櫃、興櫃及其他公開發行公司的相關資訊。目前規定，上市櫃公司必須在每會計年度終了後三個月內公告年報，每季終了後 45 日內公告季報，每月 10 日以前公告上月份營運情形（如營收），有重大訊息時，應於事實發生之日起 2 日內公告。

公開資訊觀測站網站

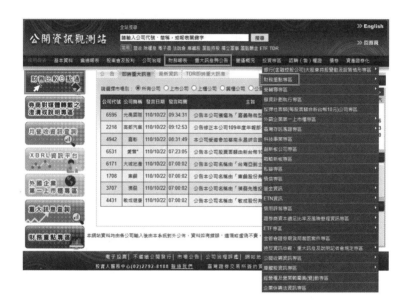

　　投資人應避開遭警示的個股，財務重點專區會根據下列
的指標狀況，以紅色標記，警告投資人注意：

1　股票交易方式（全額交割或停止買賣）。

2　淨值低於 10 元且最近三年連續虧損。

3　淨值低於 10 元且負債比率高於 60％及流動比率小於 1 者。

參考公式

流動比率＝流動資產／流動負債

4 淨值低於 10 元且最近兩年度及最近期的營業活動淨現金流量均為負數者。

5 董監事及大股東設質比率達 90％以上者。

6 資金貸與他人餘額占淨值比率達 30％以上者。

7 背書保證餘額占淨值比率達 150％以上者。

8 董監事連續三個月持股成數不足者。

9 其他經台灣證券交易所綜合考量應公布者。

本益比的迷思

　　投資人常會以本益比的高低來評估一檔股票值不值得投資。由於本益比的倒數具有報酬率的概念，因此很多專家都會建議投資人挑選低本益比的股票來投資，因為這些股票的預期報酬率較高。

　　其實這樣的講法似是而非，試想一檔股票之所以能享有較高的本益比，其背後往往代表這家公司具有某些核心競爭力，或是市場對這家公司未來展望有比較高的預期。反觀本益比較低的股票，背後可能代表公司已經喪失競爭力，東山再起的機會可能微乎其微。這時候，你要選擇高本益比的股票還是低本益比的股票呢？答案當然是要選擇高本益比的

股票。以台股護國神山－台積電為例，由於其競爭力全球第一，市場常給予較高的本益比。

另一方面，當一檔股票的本益比遭到修正時，投資人必須判斷是暫時性修正，還是永久性修正。如果公司的核心競爭力仍然存在，其本益比修正往往是暫時性的，待股市大環境轉好時即可回升，此時投資人應在本益比向下修正的過程中尋找買點。如聯發科過去曾兩度當上股王，2021年股價甚至突破千元，代表其本益比修正只是暫時性的，公司核心競爭力依然存在。相反的，如果公司的競爭力已經流失，本益比修正可能是永久性的，此時投資人就不要再介入這種股票了，甚至要趁機出脫手上的持股。台灣股市中有很多一代股王，如威盛、益通、禾伸堂、宏達電等，股價從雲端跌落之後就再也回不去了，益通甚至已經下市（櫃）了。

參考公式

$$本益比 = \frac{股價}{每股稅後盈餘（EPS）}$$

從本益比的公式中，可以得知本益比的倒數，簡單來說就是每投資一元可以賺得多少的報酬率。

如何以本益比評估股票的價值

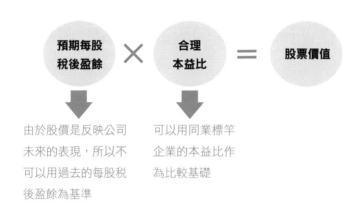

預期每股稅後盈餘 × 合理本益比 = 股票價值

由於股價是反映公司未來的表現，所以不可以用過去的每股稅後盈餘為基準

可以用同業標竿企業的本益比作為比較基礎

股價淨值比

除了本益比外，市場上也常以「股價淨值比」（＝股價 ÷ 每股淨值）來評估股票的價值，尤其是金融股。當金融股的股價淨值比遠低於過去平均水準時，便具有投資價值。

從新聞中挑選個股的勝算有多少？

　　很多散戶投資人會從每天的報紙、新聞媒體中尋找潛力個股，當看到出現某檔股票的利多消息時，便立刻買進該檔股票；相反的，若出現利空消息時，則立刻殺出持股。其實這樣的操作方法是很危險的，由於媒體報導的消息往往是落後的資訊，有些甚至是人為刻意放出來的消息，或為了解釋股票的漲跌而找一些理由來寫。如果今天股票大漲，明天報紙上一定會有很多利多消息；反之如果大跌則會有很多利空消息，試問這樣的資訊對投資人有幫助嗎？

　　投資股市就像是一場資訊戰爭，誰先取得有用的資訊，誰就是股市的贏家。一般投資人無法像大股東或法人機構去

雖然不建議投資人看報紙或網路消息選股票,但投資人還是要養成每天看新聞(尤其是專業財經資訊)的習慣,不僅可以累積總體經濟、產業及財金相關知識,對上市(櫃)公司的動向也比較能夠掌握。

拜訪公司,只能透過外部管道或媒體得知公司的營運概況,如此取得的資訊一般都已經是二手的或是更落後的資訊,這時候我們要如何過濾資訊呢?當你看到某檔股票的利多消息時,先看看股價是否已上漲一段了,如果股價已經反映了,即便是利多消息,也不要買進,有時甚至要賣出獲利了結。因為這個消息很可能是主力作手刻意釋放出來要拉高出貨的,如果你因為這個消息而進場買股票,就可能被騙。相反的,如果股價還沒反映這利多消息,就可以考慮買進,但這樣的機會不多。

股價漲上來，
報紙就會出現
好消息！

經濟日報

主編／劉惠宜 編輯／戴淑美 中華民國110年8月3日 星期二

聯詠友達 法人按讚

小摩看好聯詠將擺脫景氣循環包袱 國內法人認為友達長線營運突圍 建議加碼

記者蕭佑霖／台北報導

大陸面板廠重返大產組，市場傳最慘跌反轉，摩根大通昨（2）日表示，驅動IC大廠聯詠（3034）近期掌握獲利高成長積極高創動，投信連三週逢跌力承接，OLED面板擴大應用、跨國股東氛圍感受強，唯能設置、連接路買入關注研創動，國內法人按讚好消息大廠友達連番領轉股，具續驗證實需求良好成長，推薦加碼持股。

聯詠3日將舉行法說會，LED等新品發表、LDDIC，摩根大通率先提出七問，鎖定客戶OLEDDDIC需求包括公司對DDIC獲利，省估、明年品牌產能的掌握度以及應在供銷機會。

聯詠公布上半年獲利高於市場預期，摩根大通重申700元目標價，前收驅動作一度爆量表現，感難上漲5.8%收$413元。國內法人就友達昨日樣價有43.0元，推升友達開低走高，上漲3.1%收21.3元。

摩根大通表示，市場最心測振報第老旅，面板需求思慮近趨軟需觀望，因此股價比高壓抑。但也品開代工同時觀眼都保不墜求，穩獲持續調漲，下半年運板需面IC要大欲也不易，另外手機、平板、電腦IC要求提升，也有科TDDI、LDDIC報價良攻。

此外，聯詠驅動IC需求強勁，第3季可能一反市場預期為題行擴廠，且其他DDIC廠商近調產能要觀望，高帶量針同年、長越在三見應信的外包打案進E-OLED

工同時觀眼都保不墜，穩獲持續調漲。下半年運板需面IC要大欲也不易。

DDIC漲通通大及TDDI商機起飛，更持帶動驅設多元景觀顯刷因新家氛圍。

友達方面，法人認為，市場即刻面需氛圍虛度觀，友達營運掌握緊針外，強市商現的突實，包括一、顯示產品的需求持續提升，高產能增漲能有望，下半年到明年報價正向看待。二、友達聲值維型有成，高新加價組品品維升毛利期。

面板價雪崩
看跌到年底

不到一個月吃光半年漲幅 大小尺寸都落難

記者蕭宇翔、周琦威／台北報導

面板價雪崩下半大幅度價之後，遠指南橫遭盪，蕭季多（6）日公布的內月九，零售無持續「驚慌」，跌勢拉進一步擴大，32吋以上電視面板都大幅出貨動盪，15%，跌折下到一個月吃光半年漲幅

上市

（上高500電視製程瓷殼利潤報價20%更加劣，約價幅度95更心跌幅，最折價已出到195年利別沉月起的價價；也就是說，電視面板8吋了旬

股價跌下來，
報紙就會出現
壞消息！

206 │【圖解】給投資新手的第一本股票理財書

外資報告能相信嗎？

　　報紙常常會刊登外資券商的研究報告內容，外資報告會針對大盤或個股進行分析，對於大盤通常會預估未來的高點或低點，對於個股則會給予投資評等及目標價。大部分的投資評等分為優於大盤表現（或買進）、中立、劣於大盤表現（或賣出）三級，目標價則是指未來一年股價會到達的價位。當你在報紙上看到外資報告時，該如何解讀呢？

解讀外資報告的陷阱

I 資訊落後的問題

其實外資會在第一時間將這些研究報告寄送給自己的客戶看，然後再透過其他管道輾轉流出。當外資報告出現在報紙上時，可能已經有兩、三天的落差了，姑且不論外資報告準不準，你取得這些資訊的時效性已經嚴重落後了。

2 報告準確性的問題

外資報告常會有「錦上添花」或「落井下石」的現象，當股價大漲時就大幅調升目標價，當股價大跌時就大幅調降目標價。有些外資分析師甚至常出現「獨排眾議」或「語不驚人死不休」的分析內容，反正預測錯了一點責任也沒有，但是如果猜對了，可能馬上爆紅。

3　言行不一的問題

外資實際進出的情況有時會與報告內容不一致。報告看多，實際卻呈現賣超；報告看空，實際卻呈現買超，讓台灣投資人常常摸不著頭緒。其實，撰寫報告的外資券商與實際進場操作的外資投資機構不見得相同，而且外資投資機構也不可能對外資券商的投資建議照單全收，因此才會有兩者不一致的情況發生。

綜合上述，以後如果在報紙上或其他管道取得外資報告的內容，你應該知道要如何看待了吧！也就是「僅供參考」就好了。重要的是外資的實際進出情況，因為從實際操作才能真正看出外資的想法。

台積電股價與外資報告

外資在 2021 年 1 月 19 日大幅調高台積電的目標價至 1000元，但 2021 年 1 月 20 日之後外資卻連續多日賣超台積電股票，此時若投資人聽信外資報告短期內將討不到好處。因此投資人要關注的是外資實際的買賣動作，外資報告參考就好。

台積電目標價外資上看**1000元** 市值重登**16兆元**

中央社

2021年1月19日 · 1分鐘 (閱讀時間)

（中央社記者張建中新竹2021年1月19日電）外資持續不斷調高台積電 (2330) 目標價，近期更有未在台灣登記的外資喊價上看新台幣1000元，激勵台積電今天股價持續走高，盤中一度達619元，市值重回16兆元之上。

外資預期，隨著製程技術領先效益越來越大，將為台積電帶來更多機會，如英特爾（Intel）的外包，及安謀（ARM）架構的中央處理器（CPU）、5G與車用半導體等。

外資預估，英特爾CPU委外代工商機每年將達210億至220億美元，並預期在高通（Qualcomm）訂單回籠，加上英特爾3奈米CPU代工訂單挹注，台積電2023年可望賺進超過3個資本額，給予新台幣1000元目標價。

台積電今天在市場買盤積極湧入下，股價持續走高，盤中一度達619元，漲12元，漲幅1.97%，市值增加3111億元，攀高至16.05兆元，貢獻大盤約102點。

台積電預期，5G與高效能運算應用市場可望長期成長，並將驅動2020年至2025年營收年複合成長率達10%至15%。

台積電股價走勢圖

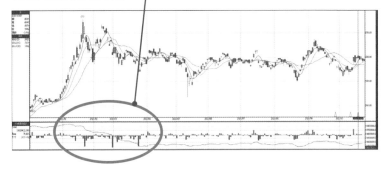

從三大法人進出表中挑選個股

　　在台灣證券交易所、櫃檯買賣中心網站，或每天的專業報紙上都會揭露三大法人當日或前一日的進出情況，供投資人參考。由於這些專業投資機構的投資金額都有一定的規模，對市場行情有絕對的影響力，而且公司內部都有一批人在專門研究產業及個股，如果你比較沒有分析市場行情的能力，三大法人進出表倒是可作為選股的參考。

參考三大法人進出表注意事項

1 三大法人介入個股的類型不同

在三大法人中，以外資的影響力最大，除了資金規模最龐大外，外資在台灣股市中也有將近 3 成的持股比率，當外資大買或大賣一檔股票時，將會直接牽動該檔股票的價格走勢。由於外資買賣屬於大部位的操作，因此通常會挑選成交量大或流動性較佳的權值股（占股價指數權重較大的個股）介入；而投信與自營商的進出則比較會看到中小型個股的蹤影。

2 個股是否被當作提款機

對股市新手而言，以三大法人進出表作為選股參考固然可行，但也要隨時注意個股是否有被這些法人當作提款機的現象。尤其是外資常在歐、美股市大跌時，在台灣股市賣股求現以因應本國客戶的贖回壓力，此時外資就會不惜成本砍殺股票，而造成它認養個股出現大跌的走勢。因此，跟隨三

大法人買股票時，手腳必須要快，當法人持股鬆動的第一時間就要出脫持股，否則反而會受到更大的損失。

三大法人買賣超

資料來源：經濟日報，2022/11/10

投資ETF免除選股煩惱

　　在第四章中我們曾提及小額投資人可以利用 ETF 來分散投資風險，其實如果投資人不善選股，也可以直接投資 ETF 來免除選股的煩惱。買進 ETF 就等於投資它所追蹤的標的指數，以交易最活絡的「元大台灣 50」（0050）為例，它以台灣 50 指數為追蹤標的。台灣 50 指數是取上市股票中市值最大的 50 檔股票當作成分股；換句話說，如果你買進元大台灣 50，就相當於一次買進 50 檔股票，完全不須選股，又能達到分散單一股票風險的效果。對於小額投資人或股市新手而言，ETF 絕對是最佳的投資標的。除元大台灣 50 外，也有多檔 ETF 在台灣證券交易所或櫃檯買賣中心掛牌交易，大致可分

下列四大類：

台灣ETF主要分類

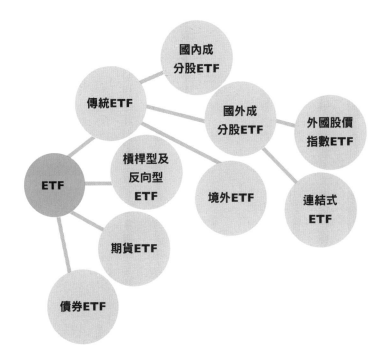

- 國內成分股 ETF：由國內投信公司發行、以國內股價指數為追蹤標的的 ETF，如元大台灣 50、元大高股息等。

- 外國股價指數 ETF：由國內投信公司發行、以外國股價指數為追蹤標的的 ETF，如富邦上証。

- 連結式 ETF：國內投信公司將境外的 ETF 重新包裝後所發行 ETF，該 ETF 的大部分資金會配置於欲連結的境外 ETF，讓台灣投資人可間接持有境外的 ETF，如元大標智滬深 300。

- 境外 ETF：由境外基金管理機構委託國內總代理人，以直接跨境模式將已在外國交易所上市的境外 ETF 引進台灣交易，如標智上證 50。

- 槓桿型 ETF：目標在追蹤、模擬或複製標的指數之正向倍數表現，若其正向槓桿為兩倍，則代表當標的指數單日上漲（下跌）1% 時，ETF 單日將會上漲（下跌）2%，如元大台灣 50 正 2。

- 反向型 ETF：每日追蹤標的指數報酬反向表現的 ETF，如反向倍數為一倍，代表當標的指數單日上漲（下跌）1% 時，ETF 單日將會下跌（上漲）1%，如元大台灣 50 反 1。

- 期貨 ETF：主要是以期貨為投資標的，用以追蹤標的期貨指數的績效表現。台灣目前的期貨ETF有商品期貨ETF（如期元大 S&P 石油）、外匯指數期貨 ETF（如期元大美元指數）等。
- 債券 ETF：由國內投信公司發行、以債券指數為追蹤標的的 ETF，如元大美債 20 年。
- ETF 的交易方式與股票一樣，不須額外開戶，直接用原有的證券帳戶即可交易，投資人可委託證券經紀商下單買賣。
- 若是國內投信公司發行的 ETF，基本交易單位為 1000 單位，若是境外 ETF，則比照原掛牌國外交易所規定，如標智上證 50 的基本交易單位為 100 單位。
- 買賣手續費是以 1.425‰ 為上限，證券交易稅只有 1‰；ETF的管理費及保管費會從基金淨值扣除，不須額外支付。
- 追蹤國內股價指數的 ETF，每日最大漲跌幅為 10%（兩倍槓桿型 ETF 為 20%）；追蹤國外指數的 ETF 則無漲跌幅限制。
- 可進行信用交易。
- 可定期定額投資，但不是所有 ETF 均能採定期定額投資，承辦此業務的證券商會自行篩選適合中長期投資的 ETF 供

客戶選擇。

- 無論是槓反 ETF 或是期貨 ETF，都不適合投資人長期持有，因為這些 ETF 都是以操作期貨來達到追蹤標的指數的目的，會有轉倉成本。即便 ETF 所追蹤的指數波動不大，ETF 的淨值也會因為轉倉成本過高而自然下滑。

- 由於 ETF 的交易價格為市場價格，市場價格與淨值可能會有差異，因此投資 ETF 須注意其折、溢價風險。如果 ETF 的市場價格高於淨值很多，就不值得投資了。

- 要注意 ETF 是否有下市的風險，依規定，若基金規模太小或單位淨值太低，將會進行清算並下市。若股票（債券）ETF 的最近 30 個營業日平均規模低於 1 億元（2 億元）即達下市門檻；若期貨 ETF 最近 30 個營業日之平均單位淨值較其最初單位淨值累積跌幅達 90% 時，或基金平均規模低於新台幣 2,000 萬元，即達下市門檻。但因國內外經濟金融情勢變化，導致基金淨值發生重大波動時，期貨 ETF 的發行人得報金管會核准於一定期間不受前揭規定限制。近年就有很多 ETF 因為淨值累積跌幅達下市門檻而下市了，如元大 S&P 原油正 2、富邦 VIX 等。

如何掌握買賣的時機？

長期投資 vs 短線交易

　　長期投資與短線交易所須掌握的買賣時點不同。在多頭行情中，股價不可能每天上漲，漲多了會進行修正，待修正完成後再繼續向上攻堅；反之在空頭行情中，股價也不可能每天下跌，跌多了會進行反彈，反彈結束後再向下探底。

長期投資

　　對打算長期投資的人來說，最理想的情況是買在多頭行情的起漲點、賣在空頭行情的起跌點，但每次都能做到是不可能的。投資人可利用總體經濟、產業景氣及公司基本面的

變化，來判斷長線的買賣點，當投資人掌握長線買點後即可分批進場布局，布局完成後就不要理會股價短線的波動，等待景氣即將達到高峰時，再分批出脫持股獲利了結。

短線交易

從事短線交易的投資人比較在意股價短線的波動，企圖在每一小段修正行情中尋找買賣點，這時候技術分析就可作為判斷短線買賣點的工具。

長期投資與短線交易的買賣點掌握

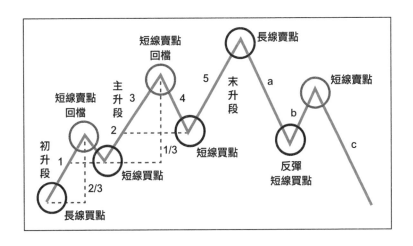

掌握總體經濟的變化

　　總體經濟的變化無論是對產業或個別公司都會產生直接的衝擊，總體景氣衰退時，大部分的產業都會跟著衰退，進而影響個別公司的營運表現。因此投資股市時，必須能掌握總體經濟的變化。我們通常會以政府每季公布的經濟成長率表現來判斷總體景氣的變化，出現正成長時，表示景氣處於擴張期；出現負成長時，表示景氣處於衰退期；而「景氣循環」則指景氣從谷底翻升、復甦，而後達到顛峰後再衰退回到谷底，如此反覆的循環過程。

　　由於股市是經濟的櫥窗，股價會先行反映景氣的變化；股市高點通常不會出現在景氣高峰，而股市低點也未必會出

現在景氣最差的時候，這就是為什麼 2021 年當航運、面板股都賺大錢的時候，第三季股價卻反轉向下的原因了。因此投資人應掌握景氣循環的變化，在景氣尚未到達高峰時賣出持股，在景氣尚未落底回升之前買進股票。

景氣好壞的掌握祕訣

I　觀察國發會公布的景氣指標

你或許會問：「如何得知景氣即將達到高峰或跌落谷底呢？」

最簡單的方法是觀察每月國發會公布的景氣領先指標（可領先反映景氣狀況的指標，例如外銷訂單、股價指數等）及同時指標（反映當前景氣狀況的指標，例如工業生產指數、企業總用電量）的變化，如果領先指標連續 3 至 5 個月翻揚，便可初步判斷景氣有止跌的現象。至於是否真的止跌，則可以利用同時指標來加以佐證。

台灣景氣循環與股價指數關係表

　　股市高低點大部分會領先於景氣高峰及谷底，但領先的時間長短不一。

循環次序	谷底	高峰	谷底	持續期間（月數）			股市高點	股市低點
				擴張期	收縮期	全循環		
1	1954/11	1955/11	1956/09	12	10	22	—	—
2	1956/09	1964/09	1966/01	96	16	112	—	—
3	1966/01	1968/08	1969/10	31	14	45	1968/08	1969/10
4	1969/10	1974/02	1975/02	52	12	64	1973/11	1975/02
5	1975/02	1980/01	1983/02	59	37	96	1978/09	1982/08
6	1983/02	1984/05	1985/08	15	15	30	1984/04	1985/07
7	1985/08	1989/05	1990/08	45	15	60	1990/02	1990/10
8	1990/08	1995/02	1996/03	54	13	67	1994/10	1995/11
9	1996/03	1997/12	1998/12	21	12	33	1997/08	1999/02
10	1998/12	2000/09	2001/09	21	12	33	2000/02	2001/10
11	2001/09	2004/03	2005/02	30	11	41	2004/03	2004/08
12	2005/02	2008/03	2009/02	37	11	48	2007/10	2008/11

循環 次序	谷底	高峰	谷底	持續期間 （月數）			股市 高點	股市 低點
				擴張期	收縮期	全循環		
13	2009/02	2011/02	2012/01	24	11	35	2011/02	2011/12
14	2012/01	2014/10	2016/02	33	16	49	2015/04	2015/08

2 隨時關注全球政經局勢的變化

隨著全球化的趨勢，各國金融市場之間的關係更為緊密，一個國家或地區有問題，馬上就會影響到其他國家或地區。如 2008 年的金融海嘯及 2011 年的歐洲主權債務危機就是很好的例證，歐、美股市一打噴嚏，全球股市就跟著遭殃。近年來美、中之間的角力（如貿易戰、科技戰）、俄烏戰爭也對全球股市造成一定的影響。因此，除了國內景氣外，投資人也必須隨時關注國際政經情勢的變化，尤其是與台灣經貿關係較為密切的國家，例如歐、美、日、韓、中國大陸等。很多投資人都會參考前一晚歐美股市的漲跌來預判當天

台股的開盤走勢，而盤中則會觀察日、韓、中國大陸股市的變化作為操盤的依據。

從生活周遭看景氣的變化

| 景氣好轉 | 路上貨櫃車、工程用車變多
餐廳、飯店、計程車生意變好
女性朋友愛穿短裙追求時尚 | 紅酒指數下跌
口紅大賣
電影院的生意變好 | 景氣轉差 |

景氣不好時，女性朋友沒有多餘的錢買昂貴的化妝品，就只好選擇較便宜的口紅來打扮自己

人們在景氣不好時，通常會藉由看電影來排解苦悶，如受金融海嘯影響，2009年美加地區電影票房收入逆勢成長近6%

掌握央行的升降息循環

　　當利率屬於高檔時，企業的融資成本較高，對於企業的獲利將產生負面影響；另方面，高利率也會降低投資人投資股票的意願，而將資金存入銀行，進而減少股市的資金動能。因此，高利率的環境並不利於股市的發展。相反的，當利率處於低檔時，除企業融資成本較低可提升獲利外，投資人也會將部分存在銀行的資金投入股市，此時股市將會因資金動能較為充足而有較好的行情。

　　根據上述觀點，是否表示中央銀行升息（以重貼現率為代表）時，投資人應該賣出股票？或是中央銀行降息時，投資人應該買進股票？這必須視中央銀行升降息的目的及時點

而定。

　　一般而言，在景氣循環的過程中，當景氣處於擴張期時，中央銀行通常會以連續升息（升息循環）的手段來防止景氣出現過熱的現象；當景氣處於衰退期時，中央銀行則會以連續降息（降息循環）的手段來刺激景氣復甦。因此在升息循環初期，投資人若看到中央銀行升息，不應賣出持股，反而要趁股價短線修正時尋找買點，因為升息背後往往代表著景氣持續擴張。待升息循環進入尾聲而開始降息時，投資人才應該賣出持股，此時切勿因降息造成股市短線上漲而進場買股票，因為降息背後往往已代表景氣開始走下坡了。等到降息循環結束、中央銀行啟動下一波升息循環時，才又是好的股市買點。

　　但若央行的升息是為了抑制通貨膨脹，由於未來景氣有可能因為升息過快或過猛而有衰退的疑慮，此時在升息循環初期便不適合買進股票，反而要先賣出股票，待通貨膨脹見頂或升息循環近尾聲時，再決定要不要買進股票。

央行升息及降息循環

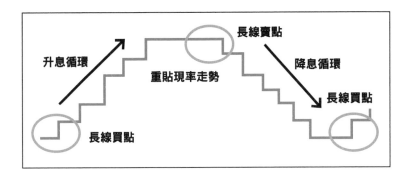

台灣股市與重貼現率的關係

掌握量化寬鬆（QE）政策的進退場時機

　　2008 年金融海嘯時，美國聯準會除了將利率調降至接近零的水準以外，還利用非典型的貨幣政策 ──QE（量化寬鬆）政策來挽救市場（QE 是指央行透過向市場購買債券或證券化商品的手段，將資金釋放到市場上的貨幣政策）。由於 QE 政策相當有效，之後每當市場發生危機時，聯準會或各國央行就會採取 QE 政策來救市，如 2011 年歐債危機及 2020 年新冠肺炎疫情期間，都可看到 QE 政策的實施。

　　QE 政策的實施代表央行直接放錢給市場，很多市場資金就會流向股市。即便當時景氣不好，股市也會因為市場資金充沛而上漲，如 2020 年新冠肺炎疫情就出現這種情況，

全球股市在歷經短暫修正後隨即回升，有些國家股市甚至續創新高紀錄；反之，當市場開始討論 QE 政策何時退場時，即便尚未真正退場，股市也會開始進行修正。如 2013 年中，美國經濟逐漸復甦，當時聯準會不斷釋出 QE 即將退場的訊息，導致國際熱錢迅速從商品市場及新興市場撤出，當時黃金價格和新興市場股市都輪番重挫。2021 年 9 月美國聯準會也明確透露年底將縮減購債規模的訊息，此時投資人就必須研判股市出場的時機，不要等到 QE 政策真正退場才將股票出脫，因為那時候股市可能已經落底開始要反彈或回升了。因此投資人可根據 QE 政策的進退場時機提早判斷股市的買賣時機。

掌握新台幣升貶的趨勢

匯率對股市的影響可從實質面及金融面來解釋。以實質面而言，匯率變動會直接影響進出口商的營運與獲利能力，進而使它的股票價格產生波動；以金融面而言，匯率波動會左右國際資金的流向，進而影響股市的資金動能。

新台幣升貶對投資人的影響

當市場預期新台幣將持續貶值時

不管是台灣的投資人或外資，都會擔心新台幣貶值導致

他們的新台幣資產縮水，而將資金匯出台灣，造成資金的外流，間接影響台股的資金動能，使股市下跌。

當市場預期新台幣將持續升值時

當市場預期新台幣即將持續升值時，則有利於股市的上漲。

股市行情預期對新台幣匯率的影響

看好股市行情

當外資看好台灣未來的股市行情，便會將資金匯入台灣，在新台幣需求增加的情況下，造成新台幣升值的壓力。

看壞股市行情

當外資看壞台灣未來的股市行情，便會將資金撤離台灣，在新台幣需求降低的情況下，會有貶值的壓力。

當新台幣升值時

出口商的外幣收入將因所能兌換的新台幣數量減少，而產生匯兌損失，進口商則因兌換外幣所須花費的新台幣數量減少而產生匯兌收益。因此，新台幣升值不利出口商、有利進口商。

當新台幣貶值時

出口商的外幣收入將因所能兌換的新台幣數量增加，而產生匯兌收益，進口商則因兌換外幣所須花費的新台幣數量增加而產生匯兌損失。因此，新台幣貶值有利出口商、不利進口商。

整體而言，新台幣升值對台股是有利的，新台幣貶值對台股是不利的。

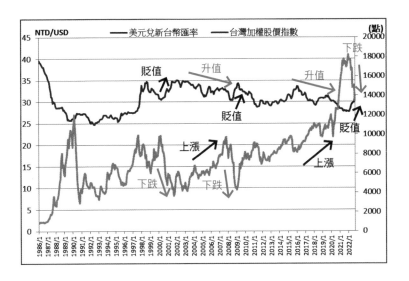

掌握 M1b 與 M2 的相對變化

　　M1b 與 M2 分別代表貨幣總計數的不同定義，是衡量一個國家貨幣供給額的指標。M1b 包括流通在外通貨、支票存款、活期存款及活期儲蓄存款；M2 除了 M1b 之外，還包括定期存款、外幣存款等準貨幣。由於 M1b 可以直接拿來投資股市，因此與股市資金動能的關係最為密切。

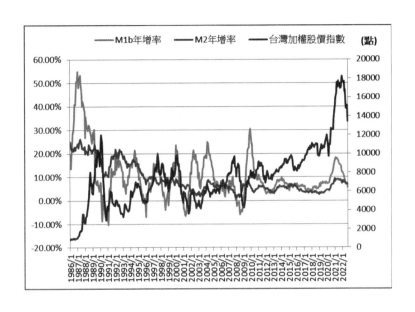

當 M1b 年增率上升時，代表金融市場的資金充沛，多餘的民間游資會流向股市，帶動股市的上漲。尤其是出現 M1b 年增率向上突破 M2 年增率的「黃金交叉」現象，最具指標意義，這時代表很多投資人將定存資金轉往活存，股市將因資金動能充足而展開一波多頭行情。

相反的，如果 M1b 年增率下跌，甚至出現低於 M2 年增率的「死亡交叉」現象，代表很多投資人將原先投入股市的資金抽離，股市將因資金動能不足而展開一波空頭行情。

賣在市場極度樂觀時，
買在市場極度悲觀時

投資股市猶如一場心理戰爭，考驗著人類貪婪及恐懼的弱點。當市場一片看好時，投資人常因貪婪而勇於追高股票；當市場一片看壞時，也常因恐懼而殺低股票。因此，在市場極度樂觀或悲觀的情緒下，股市常常出現超漲或超跌的現象。

股市超漲階段

當市場勇於追價、融資餘額創新高、多數股票漲停的時候，代表股市進入超漲的階段。

操作心態：股市超漲時，捨得賣股票的投資人往往是贏

家，而去追漲股票者通常是輸家。

股市超跌階段

當市場出現恐慌性殺盤、融資追繳令萬箭齊發、多數股
票跌停的時候，代表股市進入超跌的階段。

操作心態：股市超跌時，敢去撿便宜的投資人往往是贏
家，而去追殺股票者通常是輸家。

1987～2022年台股走勢圖

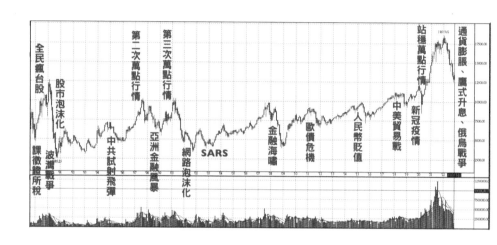

　　此圖可印證華爾街的一句名言：「行情總在絕望中誕生、在半信半疑中成長，在憧憬中成熟，在希望中毀滅。」

善設停利點和停損點

　　相信每個人都了解，當股市出現不理性漲跌時要反向操作，但有幾個人辦得到呢？既然如此，不如利用機械式操作法來突破人類的心理障礙。在股票有賺錢的時候，設定一個能滿足自己的停利點，當股價來到停利點時，便毅然決然賣出股票，不要想要賣到最高點；相反的，如果股票賠錢，則設定一個自己能忍受的停損點，當股價來到停損點時，也要毫不考慮地賣出股票，轉進比較強勢的個股。

停利點、停損點設定要訣

● 停利點、停損點要設在哪裡？其實沒有標準答案，全看個人的主觀決定。所以，投資人必須依據自己對獲利的滿足程度，以及對損失的忍受程度，分別設定適當的停利點及停損點。

● 停利點如果設得太高，完全沒有意義，因為股價不見得會來到這個點，一樣會產生抱上去又抱下來的情況，最後白忙一場。

● 如果停損幅度設得太小，可能因為太快停損出場而喪失後面的上漲行情。畢竟股票不可能一買就上漲，只要上漲趨勢沒有改變，短期套牢是很正常的事，而且進出太過頻繁也會徒增交易成本。

● 除非一開始就設定要長期投資，否則一旦設立停利點及停損點之後，一定要嚴守操作紀律，不可以隨意更動或改變心意，不然就達不到克服貪婪與恐懼的目的了。

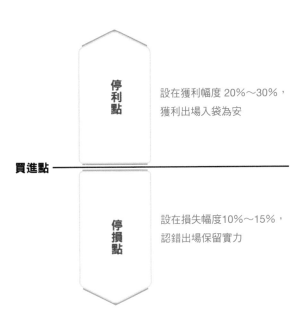

買進點 ——

停利點　設在獲利幅度 20%～30%，獲利出場入袋為安

停損點　設在損失幅度10%～15%，認錯出場保留實力

好股票進入歷史低檔區時分批買進

　　一般而言，當股市大環境不佳時所有的股票都會面臨下跌的命運。投資人須清楚分辨哪些股票還具有核心競爭力、哪些股票是真正進入長空走勢，前者通常會在盤勢穩定後出現回升行情；後者則可能一去不復返，頂多出現短期反彈行情。這時候就考驗投資人的心理素質了，你敢在市場極度恐慌的情況下買進具有核心競爭力的好股票嗎？相信多數人是不敢的。

　　為了克服恐懼心理，長線投資人可以在好股票進入歷史低檔區時分批買進，這樣就不會錯過撿便宜的好時機了。

歷史低檔區分批買進法

步驟 1

你可利用股票上市以來的股價走勢，研判歷史低檔區的價位區間。

步驟 2

當股價進入此區間時，則開始分批買進持股。在分批買進的過程中，可設定買進的價位點及數量，價位愈低買進數量可以愈多，價位愈高買進數量愈少，這樣將可有效降低平均持有成本。

步驟 3

完成布局後，便耐心等待股價回升行情，當股價漲到停利點時，就可以獲利出場。

並不是所有股票都適合使用歷史低檔區分批買進法，只有未來還具有核心競爭力的「好股票」才適用。此外，運用這方法必須「非常有耐心」，因為股價不見得會立即上攻。

股價再次進入歷史低檔區，適不適合買進就要看公司是否還保有核心競爭力，
2018年聯發科股價又來到歷史低檔區，你可以先問問自己可不可以買？

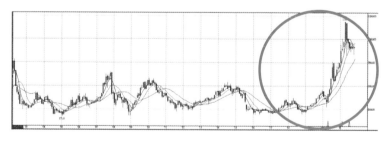

2018年你如果有逢低買進聯發科股票，後面的行情會讓你荷包滿滿

不可不知的技術分析技巧：技術型態

　　除了基本面分析及心理面分析外，很多投資人也會利用技術分析來判斷股票買賣的時點。技術分析的方法很多，每種方法都有它的優缺點，就看投資人如何使用，即便是使用相同方法，也不一定會有相同的解讀。儘管如此，本單元將先介紹一些你不可不知的技術型態。

技術分析工具

型態類	指標類
主要是依據股價歷史走勢，來預測未來的股價走勢	主要是幫助投資人判斷，是否出現超漲（即超買）或超跌（即超賣）的現象

K線

　　實務上通常會以 K 線圖來研判股票的技術型態，有日 K 線、周 K 線、月 K 線等。以日 K 線為例，從每一根 K 線可以得知每一個交易日的開盤價、收盤價、最低價、最高價等資訊。當日收盤價高於開盤價時，該日 K 線即為紅 K 線；當日收盤價低於開盤價時，該日 K 線則為黑 K 線。將多日 K 線集結在一起畫成日 K 線圖後，便可以清楚看出過去的股價走勢。

範例

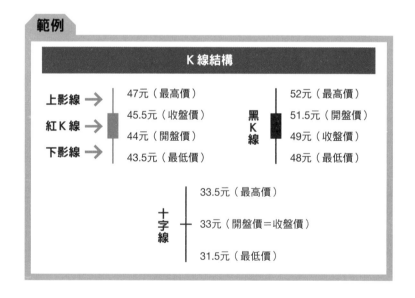

K 線結構

上影線 →
紅K線 →
下影線 →
47元（最高價）
45.5元（收盤價）
44元（開盤價）
43.5元（最低價）

黑K線
52元（最高價）
51.5元（開盤價）
49元（收盤價）
48元（最低價）

十字線
33.5元（最高價）
33元（開盤價＝收盤價）
31.5元（最低價）

K線的反轉型態

頭部型態

當股價形成頭部型態時,如
頭肩頂、雙重頂(M頭)、
三重頂、V型頭,投資人應
賣出持股

底部型態

當股價形成底部型態時,如
頭肩底、雙重底(W底)、
三重底、V型底,投資人應
買進持股

K線型態

頭部型態 → 賣出

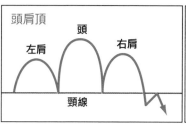

底部型態 → 買進

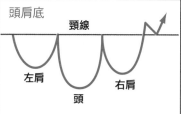

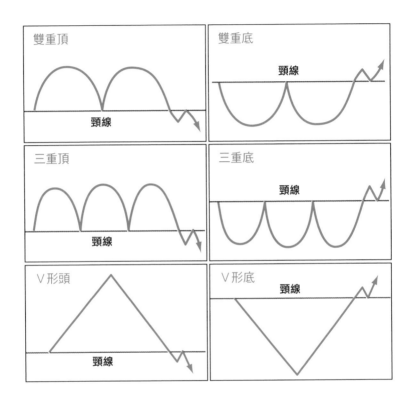

移動平均線

在 K 線圖中也會搭配移動平均線進行綜合判斷,移動平均線是根據每日移動平均價所構成的。每日移動平均價的計算必須先設定期間,常用的期間有 5 日、20 日、60 日、120 日等。新平均價的產生是扣抵最前面一日的收盤價,再加上最新一日的收盤價而得,因此當最新一日收盤價高於被扣抵的價格時,移動平均線將會往上彎,形成下檔支撐;相反的,當最新一日收盤價低於被扣抵的價格時,移動平均線則會往下彎,形成蓋頭反壓。

移動平均線是代表過去一段時間投資人的平均持有成本,當股價高過移動平均線時,代表過去一段時間買進的投資人平均是賺錢的,未來股價上漲時解套賣壓會比較小;當股價低於移動平均線時,代表過去一段時間買進的投資人平均是套牢的,未來股價上漲時解套賣壓就會比較大。

如何計算五日移動平均價								
日期	4/11	4/12	4/13	4/14	4/17	4/18	4/19	4/20	4/21
收盤價	20.20	20.70	22.10	22.40	22.70	22.60	22.25	21.95	21.90

五日均價（4/17）

$$= \frac{20.2 + 20.7 + 22.1 + 22.4 + 22.7}{5} = 21.62$$

五日均價（4/18）

$$= \frac{20.7 + 22.1 + 22.4 + 22.7 + 22.6}{5} = 22.1$$

K線圖及移動平均線

　　短期均線在中期均線之上，中期均線在長期均線之上，而股價在所有均線之上，稱為多頭排列，會加速股價上漲。

短期均線在中期均線之上，中期均線在長期均線

之上，而股價在所有均線之上，稱為多頭排列，

會加速股價上漲

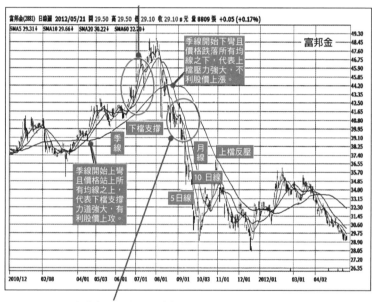

短期均線在中期均線之下，中期均線在長

期均線之下，而股價在所有均線之下，稱

為空頭排列，會加速股價下跌

不可不知的技術分析技巧：技術指標

實務上的技術指標很多，比較常被使用的有 KD 值、RSI、MACD、乖離率等，以下是各項指標的分析技巧。

KD值的分析技巧

買進訊號

- K 值向上突破 D 值，且 KD 值均大於 20
- 價格創新低，但 KD 值未創新低（指標低檔背離）

賣出訊號

- K 值向下跌破 D 值，且 KD 值跌落 80 以下
- 價格創新高，但 KD 值未創新高（指標高檔背離）

RSI的分析技巧

買進訊號

- RSI < 20 或 30
- 價格創新低但 RSI 未創新低（指標低檔背離），可與 KD 值
  一同觀察，增加準確度

賣出訊號

- RSI > 70 或 80
- 價格創新高但 RSI 未創新高（指標高檔背離），可與 KD 值
  一同觀察，增加準確度

MACD的分析技巧

買進訊號

- DIF 值與 MACD 在 0 軸線之上，代表多頭市場
- DIF 值向上突破 MACD 及 0 軸線時
- 價格創新低，但 DIF 值未創新低（指標低檔背離），可與 KD 值、RSI 一同觀察，增加準確度

賣出訊號

- DIF 值與 MACD 在 0 軸線之下，代表空頭市場
- DIF 值向下跌破 MACD 及 0 軸線時
- 價格創新高，但 DIF 值未創新高（指標高檔背離），可與 KD 值、RSI 一同觀察，增加準確度

乖離率的分析技巧

買進訊號

- 股價在移動平均線之下且偏離程度很大（負乖離很大）
- 5 日乖離率＜－ 3.5％
- 10 日乖離率＜－ 5％
- 20 日乖離率＜－ 8％

賣出訊號

- 股價在移動平均線之上且偏離程度很大（正乖離很大）
- 5 日乖離率＞ 3.5％
- 10 日乖離率＞ 5％
- 20 日乖離率＞ 8％

$$\boxed{\text{參考公式}}$$

$$N\,日乖離率 = \frac{\text{股價} - N\,日移動平均線}{N\,日移動平均線}$$

利用技術指標背離判斷買賣點

指數創新高，但技術指標卻一頂比一頂低，
即形成高檔背離的現象，為賣出訊號

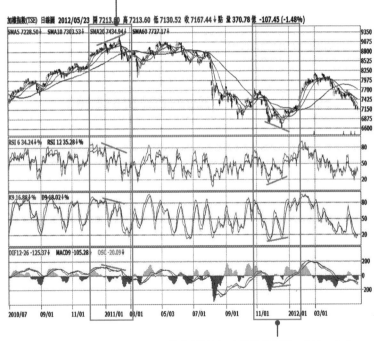

加權指數(TSE) 日線圖 2012/05/23 開 7213.60 高 7213.60 低 7130.52 收 7167.44↓點 量 370.78 億 -107.45 (-1.48%)

指數創新低，但技術指標卻一底比一底高，
即形成低檔背離的現象，為買進訊號

從價量關係掌握買賣時機

在股市中常會聽到有人說：「新手看價、老手看量。」其實這句話正點出「量」比「價」重要的道理。量是價的先行指標，沒有量就沒有價。當股價創新高，而成交量沒有同步創新高時，代表市場追價意願不高。如果持續出現「價漲量縮」的背離情況，就是賣出訊號。

相反的，當股價創新低，而成交量沒有同步創新低時，代表市場逢低承接的意願提高。如果持續出現「價跌量增」的背離情況，就是買進訊號。

因此，投資人應該隨時關注價量的變化，在股價上漲過程中，成交量通常會同步增加；在股價下跌過程中，成交量通常會同步減少，一旦出現價量背離的現象，代表行情即將反轉。

股市的價量關係

觀察過去股市價量的變化，可以看出股市高點往往出現在成交量較大的時候，股市低點往往出現在成交量較小的時候。這給投資人的啟示是：

- 當成交量很大時，代表市場多數的投資人熱衷於股市，這時聰明的投資人應該提高警覺，隨時作好出場的準備。
- 當成交量很小時，代表市場多數投資人對股市極為悲觀，這時聰明的投資人應該隨時作好進場的準備，執行反市場操作策略。

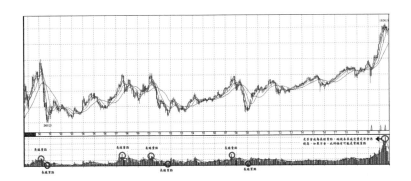

量比價先行，當股價整理一段時間後，突然出現一根大量，往往能帶出一波不錯的上漲行情。

利用融資、融券餘額分析股票的籌碼

從第五章所介紹的融資融券實務中，我們知道融資融券是有期限的（一般是半年）。當投資人使用融資買進股票時，代表他未來將在市場賣出股票以償還融資；同樣的，當投資人使用融券賣出股票時，也代表他未來將在市場買進股票回補。因此融資餘額與融券餘額，可代表一股未來的賣壓與買進力道。

當融資餘額過高時

- 當融資餘額過高時，股票籌碼較易鬆動，而且在股市下跌

過程中，容易出現斷頭的賣壓，不利於股市未來的行情，投資人應避開「融資比率」過高的個股。

- 在股市上漲過程中，如果融資餘額增加的幅度超過大盤指數的漲幅時，也有行情過熱的疑慮，投資人必須提高警覺。
- 在股市行情不好的時候，如果融資餘額減少的幅度超過大盤指數的跌幅，代表市場過度悲觀，投資人便可開始等待買進訊號的浮現。

當融券餘額過高時

- 若融券餘額過高，易見「軋空行情」（指融券者見股市彈升走勢不止，急回補股票造成一股強勁的買進力道，進而再推升股價上漲）。
- 若有「軋空行情」，投資人則應多留意「融券比率」及「券資比」較高的股票。軋空行情結束後，股價往往就會向下修正。

$$\text{融資比率} = \frac{\text{目前融資金額}}{\text{可融資金額}}$$

$$\text{券資比} = \frac{\text{目前融券金額}}{\text{目前融資金額}}$$

$$\text{融券比率} = \frac{\text{目前融券張數（或金額）}}{\text{平均每日成交張數（或金額）}}$$

軋空行情範例

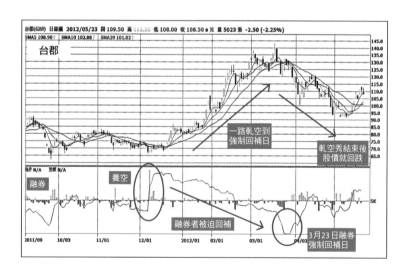

如何判斷籌碼流向？

　　股市是很現實的籌碼戰，弱肉強食的競爭場面時常上演。雖然在台灣股市的投資人結構中，散戶占絕多數（六成以上），但散戶在股市中卻是最弱勢的一群，除了資金規模遠不如法人及主力外，資訊落後也是關鍵的因素。因此就常理而言，當股票籌碼流向散戶時，以法人或主力的立場來說，當然不會拉抬股價讓散戶輕易賺到錢，所以籌碼流向散戶的股票不容易上漲。

判斷籌碼流向的祕訣

- 投資人可以比對法人的進出及融資餘額的變化，來判斷股票籌碼的流向。

- 由於散戶的資金規模小，常會使用融資來買進股票，因此市場上常以融資餘額的變化來觀察散戶投資的動向。當融資餘額增加，代表散戶勇於進場；當融資餘額減少，代表散戶退卻了。

- 當融資餘額增加而法人持股減少時，代表籌碼流向散戶，這時投資人就必須提高警覺，慎防法人倒貨給散戶。

- 如果融資餘額減少而法人持股增加，代表籌碼流向法人，這時股價上攻的力道就會比較強。

● 當你在報紙上看到融資追繳令萬箭齊發的新聞時，請不要跟著市場一起恐慌，反而必須暗自竊喜，因為散戶的籌碼即將被清洗乾淨，撿便宜的時機又到了。

避開高融資的個股

主力坑殺散戶的手法為「養、套、殺」。主力會利用利多消息及股價上漲假象引君入甕（養），在股價高檔的時候倒貨給散戶（套），之後再釋放利空消息讓股價回跌，等散戶不堪虧損斷頭出場時（殺），再反手低接籌碼。所以投資人要盡量避開高融資的個股。

籌碼動向對股價的影響

股價由高點79.5元大幅修正，散戶持續加碼攤平，跌到低點33元時，散戶信心渙散，融資斷頭出場。之後股價進行反彈，散戶心有餘悸，融資餘額續減。但在這段期間，法人及主力持股卻是持續增加的

股價反彈到55元附近後，散戶才相信行情來了，融資餘額快速回升，但法人及主力卻在股價高檔的時候倒貨給散戶，之後股價大跌，融資再度斷頭出場，法人及主力則趁機撿便宜

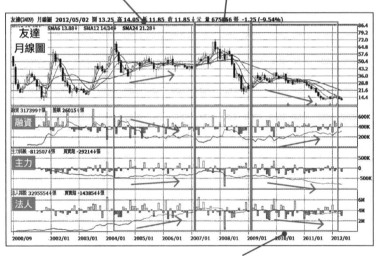

融資斷頭之後，股價進行反彈，法人及主力趁機出脫持股，融資餘額則緩慢增加。當股價不耐久盤而加速趕底時，融資餘額不減反增，法人及主力則持續賣股

技術分析的迷思

技術分析方法很多，主要的功能都是輔助投資人研判市場的多空勢力、股價趨勢及買賣時點。但投資人可能會問：「技術分析真的有效嗎？」以下幾點就是技術分析的迷思，提醒投資人注意。

┃ 技術分析是領先指標或者是落後指標

技術分析最常為人詬病的缺點，就在於技術指標是由歷史的價量關係計算而得，股票的量價是因，技術指標是果。換句話說，股價已經下跌了，技術指標才轉弱，因此，在強

調股價是反映未來的投資人眼中，自然質疑技術分析是一種倒因為果的方法，認為技術分析是落後指標。

　　但是，支持技術分析的投資人卻認為，無論哪種股票，都會有它適合的買、賣時間點。在股市輪動的過程中，再好或再壞的股票也會在比價效應下補跌或補漲，而技術分析有時也常領先基本面，在技術指標轉弱或轉強之後，基本面的利空及利多消息才會慢慢出現。

2 技術分析愈普遍，效果愈不好

　　當市場上很多投資人使用技術分析來研判未來的買賣時點時，由於每個人使用的技術型態與指標都很類似，使得大家對未來盤勢壓力區及支撐區的看法非常雷同。在這情況下，有些投資人可能會在接近壓力區前，先脫手股票或在支撐區前先買進股票。如果大家都持這樣想法，股價根本無法觸及到壓力區或支撐區，技術分析的效果便會受到影響。

3　在股市盤整期中，技術分析較無效

在股市盤整階段，股價漲漲跌跌。當某日股價突然跳空上漲，就可能造成技術指標的黃金交叉（如 K 值突破 D 值），投資人如果依此認為股價即將上漲而進場買進，就容易遭到套牢。因為未脫盤整期的股票，上漲後股價可能立即被拉回，這時投資人如果使用技術分析，將顯得綁手綁腳。

4　市場主力炒作與騙線

在實務上，市場主力常利用炒作股價行情，企圖誘導散戶投資人誤入陷阱。其中最常看到的就是「假突破、真拉回」或是「假跌破、真拉抬」的陷阱。例如市場主力為了想出清持股，先拉抬股價，使技術指標轉強，待散戶投資人見技術指標轉強（也就是騙線）而進場買進時，再倒貨給散戶投資人。因此，投資人使用技術分析時，須先對不同型態的陷阱有所認識，以免慘遭套牢。

假突破、真拉回範例

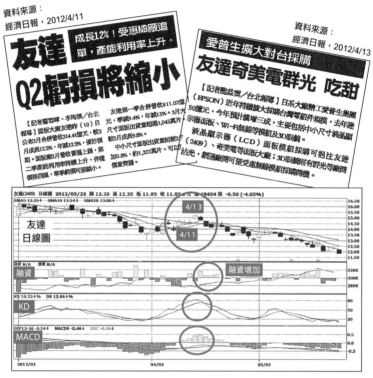

資料來源：
經濟日報，2012/4/11

友達 Q2虧損將縮小
成長12%！受惠NB廠追單，產能利用率上升。

【記者蕭君暉、李珣瑛／台北報導】面板大廠友達昨（10）日公布3月合併營收314.41億元，較2月成長12.5%，年減12.5%，優於預期。面板較2月營收普遍上揚，第二季產能利用率持續上升，伴隨價格回穩，單季的虧損可望縮小。

友達第一季合併營收811.02億元，季減9.4%，年減13%。3月大尺寸面板出貨量超過1,043萬片，較2月成長9.8%。

中小尺寸面板出貨量則較2月增加0.8%，約1,322萬片。可見價量齊揚。

資料來源：
經濟日報，2012/4/13

愛普生擴大對台採購
友達奇美電群光 吃甜

【記者能盈盈／台北報導】日系大廠精工愛普生集團（EPSON）近年持續擴大採購台灣零組件規模，去年達50億元，今年預計擴增三成，主要包括中小尺寸液晶顯示器面板、Wi-Fi無線等模組及3D眼鏡。

液晶顯示器（LCD）面板模組採購可挹注友達（2409）、奇美電等面板大廠；3D眼鏡則有群光等廠商沾光，經通路商可望受惠無線模組採購商機。

友達(2409) 日線圖 2012/05/23 開 12.20 高 12.25 低 11.85 收 11.85 元 量 18454 張 -0.50 (-4.05%)

SMA5 12.26↓ SMA10 12.54↓ SMA20 13.06↓

友達
日線圖

4/13
4/11

融資 N/A 差額 N/A

融資 ——————— 融資增加

K9 10.22↓% D9 13.96↓%

KD

DIF12-26 -0.54↓ MACD9 -0.46↓ OSC -0.08↓

MACD

主力在股價即將越過所有均線之際頻頻釋放利多消息，讓股價順利突破所有均線，散戶見狀，隔一交易日代表散戶動向的融資餘額便大幅增加，但就在散戶大舉進場之後，股價便大幅拉回。

如果投資人能看懂技術指標就不會上當了，4月13日股價上漲時，KD指標並未繼續走高，隔一、二交易日K值還跌破D值，且DIF及MACD從未站上代表多頭的0軸線，代表不是好的買點，甚至是賣點。

投資股票也能定期投資

　　很多人都會利用定期定額法投資共同基金，其實，投資
股票也可以使用定期定額法，或是定期不定額法，來免除挑
選買賣時點的煩惱。

定期定額法

　　定期定額法是在固定的期間（例如每週、每半個月、每
月），以「固定金額或張數」投資某一檔「好股票」的操作方
式。

在現今股市波動愈來愈劇烈的年代，定期定額法非常適合具有投資意願、卻老是抓不住投資時點的散戶投資人使用。目前證券商也有承作股票定期定額投資業務，投資人可根據往來證券商所挑選的股票進行定期定額投資。

好處

- 這種作法可以分散投資時點，具有平均投資成本的功能，可以降低投資風險。
- 投資人不須太在意短期股價的波動，無論行情好壞，時間一到就買進「固定金額或張數」的股票，類似銀行的零存整付，可以強迫自己儲蓄。
- 透過這樣的機械式操作，也能避免單筆買在高檔，或因恐慌在低檔不敢買的毛病。

定期不定額法

定期不定額法的操作方式比定期定額法積極，一樣是在固定的期間投資股票，但買進的金額或張數則視股市行情而定。股市行情好時，降低投資的金額或張數；股市行情不好時，則增加投資的金額或張數。

好處

● 這種「高檔少買、低檔多買」的投資方式，比定期定額法更能發揮平均投資成本的功能。

定期投資也要記得停利

即便使用定期投資法，也要有停利的觀念。定期買進一段時間之後，如果股價漲到自己所設定的停利點時，可以部分或全部獲利了結，之後再持續定期買進持股。如此才能將獲利落袋為安，避免出現紙上富貴的情況。

定期定額法或定期不定額法的比較

買進期間：2008 年 1 月～ 2010 年 12 月

● 定期定額法：每月底定期投資，每期投資兩張台積電股票

● 定期不定額投資：每月底定期投資，每期投資張數依以下原則決定：

股價＜ 50 元：投資三張

50 元≦股價＜ 60 元：投資兩張

60 元≦股價：投資一張

日期	買進價格	定期定額法 買進張數	定期不定額法 買進張數	日期	買進價格	定期定額法 買進張數	定期不定額法 買進張數
20080131	59.9	2	2	20100129	61.5	2	1
20080229	61.6	2	1	20100226	58.8	2	2
20080331	63.1	2	1	20100331	61.5	2	1
20080430	66.7	2	1	20100430	61.8	2	1
20080530	65.6	2	1	20100531	60.2	2	1
20080630	65	2	1	20100630	60.6	2	1

日期	買進價格	定期定額法 買進張數	定期不定額法 買進張數	日期	買進價格	定期定額法 買進張數	定期不定額法 買進張數
20080731	56.2	2	2	20100730	62.4	2	1
20080829	58.9	2	2	20100831	58.9	2	2
20080930	52.5	2	2	20100930	62	2	1
20081031	48	2	3	20101029	62.8	2	1
20081128	40.8	2	3	20101130	63.4	2	1
20081231	44.4	2	3	20101231	71	2	1
20090121	40.2	2	3	**合計買進張數**		72	57
20090227	44.95	2	3				
20090331	51.4	2	2				
20090430	55.2	2	2				
20090527	60.4	2	1				
20090630	54.7	2	2				
20090731	58.9	2	2				
20090831	59.2	2	2				
20090930	64.5	2	1				
20091030	60	2	1				
20091130	61.1	2	1				
20091231	64.5	2	1				

透過定期投資法，就算是金融海嘯，也敢在低檔買進持股，有助於降低平均投資成本。其中又以定期不定額法的效果最好

定期定額法的平均投資成本

＝（59.9 ＋ 61.6 ＋ 63.1 ＋ ⋯⋯ ＋ 63.4 ＋ 71）×2÷72 ＝

58.4 元

定期不定額法的平均投資成本

＝（59.9×2 ＋ 61.6×1 ＋ 63.1×1 ＋ ⋯⋯ ＋ 63.4×1 ＋

71×1）÷57

＝ **55.5 元**

圖解

【圖解】給投資新手的第一本股票理財書

2023年8月初版
2024年2月初版第四刷
有著作權・翻印必究
Printed in Taiwan.

定價：新臺幣390元

著　　　者	謝	劍	平
	林	傑	宸
叢書編輯	連	玉	佳
校　　　對	鄭	碧	君
內文排版	林	婕	瀅
封面設計	ＦＥ設計葉馥儀		

出　版　者　聯經出版事業股份有限公司
地　　　址　新北市汐止區大同路一段369號1樓
叢書編輯電話　(0 2) 8 6 9 2 5 5 8 8 轉 5 3 9 5
台北聯經書房　台北市新生南路三段94號
電　　　話　(0 2) 2 3 6 2 0 3 0 8
郵政劃撥帳戶第 0 1 0 0 5 5 9 - 3 號
郵 撥 電 話　(0 2) 2 3 6 2 0 3 0 8
印　刷　者　文聯彩色製版印刷有限公司
總　經　銷　聯合發行股份有限公司
發　行　所　新北市新店區寶橋路235巷6弄6號2樓
電　　　話　(0 2) 2 9 1 7 8 0 2 2

副總編輯　陳　逸　華
總編輯　涂　豐　恩
總經理　陳　芝　宇
社　長　羅　國　俊
發行人　林　載　爵

行政院新聞局出版事業登記證局版版臺業字第0130號

本書如有缺頁，破損，倒裝請寄回台北聯經書房更換。　ISBN　978-957-08-7012-1　(平裝)
聯經網址：www.linkingbooks.com.tw
電子信箱：linking@udngroup.com

本書為《擺脫死薪水，股票投資聰明滾錢》之增訂新版

國家圖書館出版品預行編目資料

【圖解】給投資新手的第一本股票理財書/謝劍平、
林傑宸著．初版．新北市．聯經．2023年8月．280面．14.8×21公分
（圖解）
ISBN　978-957-08-7012-1（平裝）
[2024年2月初版第四刷]

1.CST：股票投資　2.CST：投資技術　2.CST：投資分析

563.53　　　　　　　　　　　　　　　　　112010582